1911 hat Hermann Hesse eine Auswahl der zeitlosesten Gedichte seines Landsmanns Eduard Mörike (1804–1875) herausgegeben und eingeleitet, sich aber auch später, fast während seines ganzen Lebens, in Aufsätzen, Besprechungen und Briefen immer wieder mit Mörike, diesem bedeutendsten deutschen Lyriker zwischen Realismus und Romantik, beschäftigt und ihm neue Generationen von Lesern zu gewinnen gesucht. Eine poetische Wahlverwandtschaft, die schon Thomas Mann gewürdigt und gerühmt hat, ermöglichte es Hesse, gerade jene Antriebe und Zusammenhänge in Mörikes Werk und Leben zu durchschauen und kongenial zu deuten, die wir in unseren Literaturgeschichten vermissen.

Neben den fünfzig, von Hesse ausgewählten Mörikegedichten dokumentiert dieser Band mit zahlreichen Illustrationen zu Mörikes Leben und Werk sowie einer Reihe teilweise noch unbekannter Mörike-Zeichnungen, erstmals auch die wichtigsten der bisher erschlossenen Äußerungen Hesses über Mörike. Den Abschluß bildet einer der bedeutendsten zeitgenössischen Mörike-Essays des von Hesse hochgeschätzten Dichters Wolf von Niebelschütz (1913–1960), eine Arbeit, die unsere Edition nach langer Zeit des Vergriffenseins wieder zugänglich macht.

»Der behagliche Dorfpfarrer und liebenswürdig spielerische Idylliker, zu dem eine weitverbreitete Urteilslosigkeit diesen lange verkannten Dichter hat machen wollen, ist eine hübsche, gründlich erlogene Fabel. Mörike ist dem banalen Wohlsein eines ›glücklichen Lebens‹, das ohnehin in schwäbischen Landpfarrhäusern keineswegs so häufig gedeiht, wie die Legende lügt, so fern gestanden wie nur möglich... Das tiefe, goldene Leuchten, das seine Werke für Unzählige zu einem Jungbrunnen gemacht hat, ist aus schwerem Leid und Kampf geboren.« *Hermann Hesse*

insel taschenbuch 246

Eduard Mörike

Alte, unnennbare Tage...

EDUARD MÖRIKE

ALTE, UNNENNBARE TAGE...

AUSGEWÄHLTE GEDICHTE

Herausgegeben
und mit einem Vorwort
von Hermann Hesse,
Zeichnungen von Eduard Mörike
und einem Essay von
Wolf von Niebelschütz

INSEL

Für den Insel Verlag neu eingerichtet
von Volker Michels

insel taschenbuch 246
Die Erstausgabe dieser Gedichtauswahl erschien als Band VIII der Reihe »Deutsche Lyriker« 1911 im Verlag Hesse & Becker, Leipzig. Der Abdruck des Essays von Wolf v. Niebelschütz erfolgte mit freundlicher Genehmigung von Frau Ilse v. Niebelschütz. Lizenzausgabe des Suhrkamp Verlags Frankfurt am Main für den Insel Verlag, Frankfurt am Main. Vertrieb durch den Suhrkamp Taschenbuch Verlag. Typographie: Max Bartholl. Umschlag nach Entwürfen von Willy Fleckhaus. Satz: Otto Gutfreund, Darmstadt. Druck: Ebner, Ulm. Printed in Germany.

INHALT

Vorwort von Hermann Hesse 9
Eduard Mörike, Gedichte 25
Hermann Hesse über Mörike 95
Mörike oder das Phänomen des Leisen
von Wolf von Niebelschütz 179

VORWORT

EDUARD MÖRIKE IST AM 8. SEPTEMBER 1804 in Ludwigsburg in Württemberg geboren. Er starb in Stuttgart am 4. Juni 1875. Über sein Leben, durch das bei aller Stille und scheinbaren Heiterkeit ein schwerer Bruch gegangen ist, findet der Leser ausführliche Nachricht im Vorwort der Ausgabe von Mörikes gesammelten Werken von Rudolf Krauß. Von den größeren selbständigen Biographien sei namentlich die von Harry Maync empfohlen.

Mir sei es erlaubt, auf eine biographische Einleitung zu verzichten, welche über die oben genannten Daten hinaus doch nur allgemein Bekanntes zu sagen hätte, das man in jedem Lexikon und in jeder Literaturgeschichte findet. Dafür mögen einige Worte über Mörikes Persönlichkeit und dichterische Art meine Auswahl einleiten. Mein Wunsch ist, dies Büchlein möge ein wenig zum rechten Verständnis Mörikes beitragen, in dem ich seit frühen Jünglingsjahren einen der größten Lyriker aller Zeiten verehre. Als bei des Dichters hundertstem Geburtstage und beim Freiwerden seiner Werke alle Welt über ihn schrieb und den seit

Jahrzehnten toten Unbekannten ans Licht des Ruhmes zog, da sind auch einige nörgelnde Stimmen laut geworden, die gegen die Zusammenstellung der Namen Mörike und Goethe eifrig protestierten, ja die uns weissagten, es werde diesem Mörike ein rasches Wiedervergessenwerden blühen. Wer eine Spur von Empfänglichkeit für reine Lyrik hat, weiß hingegen nach der ersten Stunde entzückter Lektüre gewiß, daß dieser lang verkannte Schwabe nie mehr untergehen kann.

»Ein schönes Werk von innen heraus zu bilden, es zu sättigen mit unsern eigensten Kräften, dazu bedarf's – weißt Du so gut als ich – vor allem Ruhe und einer Existenz, die uns erlaubt, die Stimmung abzuwarten.«

Das schrieb Mörike am 26. Juni 1838 seinem Freund Hermann Kurz, und der Brief ist geschrieben in Cleversulzbach, dem stillen schwäbischen Nest, dessen bescheidener Pfarrhof seitdem berühmt geworden ist und uns als Heimat des »Turmhahns« und anderer Mörikescher Meisterwerke wie ein seliger Ort der beschaulichen Stille und Weltferne anmutet. Es könnte aussehen, als habe der Dichter jene »Ruhe« und behagliche Existenz wirklich gehabt, denn nicht nur verlief sein äußeres Leben nach kurzen Jugendstürmen ohne Katastrophen und gewaltsame Erregungen, sondern es redet auch aus vielen seiner Dichtungen ein wahrhaft idyllisches, stillruhendes Gefühl zufriedenen Behagens, so daß die Lektüre solcher Stücke wirkt wie auf Reifen das Vorbeifahren an abendlichen Dörfern oder unbekümmert in der Sonne träumenden

Nach einer Lithographie von Bonaventura Weiß, 1831.

Gärten. Sie erwecken den Eindruck, als müsse ihr Schöpfer ein glücklicher, leidenschaftslos froher Mann der sonnigen, etwas beschränkten Zufriedenheit gewesen sein.

Aber es sind zu allen Zeiten in schwäbischen Pfarrhäusern merkwürdige Pflanzen gewachsen, und Mörike war eine der zartesten, feinsten und scheuesten. Wer näher zusieht, kann auch ohne alle Kenntnis vom Leben und persönlichen Wesen des Dichters aus seinen Werken herauslesen, daß er keineswegs ein Mensch des wohlgefälligen Behagens und der wohlfeilen Zufriedenheit war. Dieses »Vor allem Ruhe!« ist vielmehr aus einer tiefen Sehnsucht und aus einem schmerzvollen Entbehren geboren. Das Innerste in Mörikes Wesen ist eine ganz außergewöhnliche Sensibilität, Erregbarkeit und Verwundbarkeit, und sein Leben war ein beständiges sehnliches Streben nach jener »Ruhe«, die ihm ein Lebensbedürfnis war.

Eindrücke solcher Art findet man in fast allen seinen Gedichten. Wie mitten in der humorvollen Behäbigkeit des »Turmhahns« der frühmorgendliche Hahnenschrei uns befreiend ins Herz trifft! Er klingt oder tönt oder hallt nicht, er »glänzet empor«! Man muß seine Sinne haben, um so etwas zu sagen. Oder wie er beim Bad vom Flusse sagt: »Er fühlt mir schon herauf die Brust, er kühlt mit Liebesschauerlust!« Seit ich den Vers kenne, fällt er mir alljährlich beim ersten kühlen Bade im Freien ein.

Neben dem delikaten Gefühl für solche zarte Reize, dem Mörikes Schöpfungen ihr fabelhaft lebendiges und sinnlich berückendes Detail verdanken, lebte aber

»Der alte Turmhahn«. Aus Mörikes erster Niederschrift von 1840.

eine andere, unendlich gewaltigere Macht in ihm: ein tiefes Verbundensein mit dem Leben der Natur, mit den Seelen der Tiere, Pflanzen, Steine, Sterne, und ein ehrfürchtiges, mit Grauen gemischtes Ahnungsgefühl für das Göttliche, für die geheimnisvollen Quellen jedweden Lebens. Seine Gedichte und Erzählungen könnten ebenso rein und edel vorgetragen, ebenso reich und noch reicher an Einzelschönheiten sein – ohne jenes Gefühl wären sie eben nur schön und wohlgefällig, hätten aber nicht diesen Unterton des Unsäglichen, Geheimen, Seherischen, der sie jederzeit entrückt und ihnen die tiefe, unvergeßliche Wirkung von Naturlauten gibt. Zuweilen grenzt dieses Gefühl nahe ans Dämonische, das namentlich im »Maler Nolten« aus dem schweren, angstvoll verwölkten Grunde der Gesamtstimmung mehrmals wie ein bleiches Blitzen hervorbricht. Der »Nolten« ist überhaupt ein Wunderbuch, in ihm bewegen sich die rein und sorgfältig gezeichneten Menschenbilder in einer Atmosphäre der Ahnung und Schicksalsschwüle, die nirgends an Worte gebunden scheint und doch beständig greifbar und fühlbar da ist. Ein fernes Gewitter macht den noch blauen Himmel zittern und füllt näher kommend die dunkler werdende Luft mit stiller Schwere und angstvoller Ahnung nahe lauernder Blitze.

Der behagliche Dorfpfarrer und liebenswürdig spielerische Idylliker, zu dem eine weitverbreitete Urteilslosigkeit den lange verkannten Dichter hat machen wollen, ist eine hübsche, gründlich erlogene Fabel. Mörike ist dem banalen Wohlsein eines »glücklichen Lebens«, das ohnehin in schwäbischen Landpfarrhäusern keineswegs so häufig gedeiht, wie die Legende lügt, so fern gestanden wie nur möglich. Er lebte in der manchmal bis zum Trostlosen gesteigerten Einsamkeit, die jeden wahren Schöpfer ungewollt umgibt, und das tiefe goldene Leuchten, das seine Werke für Unzählige zu einem Jungbrunnen und Born der Lebensfreude gemacht hat, ist aus schwerem Leid und Kampf geboren. Auch wenn es dafür keine anderen Zeugnisse gäbe als jene schweren, düsteren, schicksalbeladenen Stellen im »Nolten« und den Peregrinaliedern, könnte kein Seelenkenner sich darüber täuschen, daß der Schöpfer dieser gewitterschwülen

Sätze und Verse unheimlich vertraut mit den Abgründen des Lebens gewesen sein muß. Dann scheint es oft wieder, als habe ihm plötzlich vor dem eigenen Seherblick gegraut, oder als habe er schaudernd gefühlt, daß die Hand eines Fremden, Größeren mit am Werke schaffe. Erschrocken bricht er ab, flüchtet verlegen ins Liebliche, maßvoll Schöne hinüber und versucht ein Lächeln, das ihm doch auf den Lippen erstirbt. Bald darauf läuft seine Sprache wieder wie ein sanft tönender Sommerbach dahin, spielt mit Gras und Blumen, spiegelt zärtlich lichte Mittagswolken und läßt nur den Ernsten, Erfahrenen die unter seinem Spiel und Spiegelglanz verborgene Tiefe ahnen. Der Dichter atmet auf, unheimlichen Mächten entronnen, und fast wie das nach einem tiefen Schrecken wieder beruhigte Kind wird er übermütig, treibt Scherz und Neckerei, verliert sich in erlösend absichtsloses Spiel.

So zeigt sich uns Mörike als ein überaus sensibler, zart organisierter Mensch, dessen Empfinden über die Grenzen des alltäglich Wahrnehmbaren hinaus ins Gebiet der Ahnungen und großen Zusammenhänge tastet. Er leidet unter seiner überzarten Empfänglichkeit, ist leicht erschrocken, leicht verwundet, sogar mißtrauisch, der Schwermut zugänglich, und er rettet sich aus dem betäubenden Vielerlei der Eindrücke in die Kunst, indem er jeden Eindruck, er sei groß oder klein, mit unermüdeter Arbeit kraft eines genialen Bildnergeistes in klare, edle, klassische Formen nötigt.

Hier liegen die beiden Endpunkte, zugleich Hauptkräfte seines Schaffens: die ungemein zarte, auf jede delikateste Schwingung mit Stürmen reagierende Sensibilität im Aufnehmen und die unerbittlich strenge, peinlich beflissene Sorgfalt der Formgebung. Das Eigentümliche jeder Farbe, jeden Tones, einer Beleuchtung, eines Duftes, Wolkenfluges fühlt er mit unglaublich feinem Erfassen heraus – aber er schildert es nicht ab, sondern übersetzt es, schafft es neu. So entstanden Verse wie:

Die Wolke seh' ich wandeln und den Fluß,
Es dringt der Sonne goldner Kuß
Mir tief bis ins Geblüt hinein;
Die Augen, wunderbar berauschet,
Tun als schliefen sie ein,
Nur noch das Ohr dem Ton der Biene lauschet.

Das ist keine kleinliche Realistik, auch keine Sentimentalität, nur reine Kunst. Ist das leise Stocken des Rhythmus in der vorletzten Zeile nicht ganz wie ein wohlig schweres, schläfriges Blinzeln? Und dieses Ohr, das im Genuß der summenden Bienenmusik schwelgt, hat noch ganz andere Dinge gehört. Es lauscht dem Innern der Erde, hört verborgene Kräfte und Schicksale gleich tiefen, leisen Strömen rauschen, dichtet Harmonien aus dem Zusammenklang von Tönen der Tiefe und Stimmen der Lüste:

Wie süß der Nachtwind nun die Wiese streift
Und klingend jetzt den jungen Hain durchläuft!
Da noch der freche Tag verstummt,
Hört man der Erdenkräfte flüsterndes Gedränge,
Das aufwärts in die zärtlichen Gesänge
Der reingestimmten Lüfte summt.

In solchen Versen ist etwas, ein nicht in Worten auszusprechender Zauber von so besonderer Art, daß nur gewisse Gedichte Goethes und etwa vereinzelte Verse aus den Liedern von Nietzsche (»Auf müd' gespannten Fäden spielt der Wind sein Lied«) den Vergleich damit aushalten.

Neben dem tiefen Gefühl für das Symbolische und die bedeutsamen Parallelen zwischen Natur und Menschenwesen, neben dem Hang zur Einsamkeit und grüblerischen Vertiefung besaß Mörike – einem Gesetz des Gleichgewichts zufolge – eine Zuflucht und ein Heilmittel in seiner ungewöhnlich entwickelten Fähigkeit, sich am Kleinen zu freuen, und einer Art von naivem Spieltrieb, den er mit Bewußtsein pflegte. Als Künstler entwickelte er daraus seine Meisterschaft im Graziösen, Neckischen, drollig Schalkhaften. Als Mensch flüchtete er, wenn Trauer und Müdigkeit ihn verfolgten, oft in das Reich des zwecklos Angenehmen, des Spieles und sogar der Spielerei. Er opferte mühevolle Stunden, um kleine Scherzgedichte sauber mit tadellosen Lettern und Schnörkeln ins reine zu schreiben, womöglich noch in Spiegelschrift. Er erfand für Verwandte, Freunde, Bediente, Kollegen eine Menge drolligster Ulknamen. Er übte Zeichenkünste, bildete sein starkes mimisches Talent aus, wurde Mineraliensammler, verfaßte zahllose, meist überaus gewandte, witzige und formschöne Gelegenheitsgedichte, legte jedem kleinen Geschenk an Freunde einen poetischen Zettel bei. Und das alles trieb er mit einer Ausdauer und Virtuosität, die fast komisch wäre, wenn wir sie nicht als eine instinktive Flucht des überreizten Gemü-

Spiegelvers Mörikes von 1839: »Einer Schönen im Spiegel zu lesen.«

tes ins Enge und Kleine erkennen würden. Denn den großen Schlägen und Härten des Lebens gegenüber besaß er jene Ausdauer und heitere Zähigkeit so wenig, daß er, als typischer Neurastheniker, noch in jungen Jahren sein Pfarramt aufgab, um sich jahrelang ohne Beruf treiben zu lassen, wobei denn auch seine poetische Tätigkeit nichts gewann. Kleine Entschlüsse fielen ihm oft schwer, monatelang brachte er zu keinem ernstlichen Tun den Mut und die Frische auf, und so hat er, der früh sein Amt niederlegte und stets von Plänen zu reden wußte, in einem langen Leben nur vier mäßige Bände voll geschrieben.

Wo jene tief in seinem Wesen wurzelnde Lust am Spiel sich literarisch nicht nur als Formkunst, sondern im Erfinden äußert, ist Mörike vielleicht am eigenartigsten. Hier wird er zum Romantiker, bläst goldige Seifenblasen in die Lüfte und segelt mit ihnen, für eine kurze Traumdauer der Schwere des Seins entbunden. Und so erbaut er sich, anfänglich in ahnungsvollem Spiel, dann immer bewußter zwischen seiner Tageswelt, die ihm nicht genügt oder ihn ängstigt, und dem geheimnisvollen Land der unerforschlichen Mächte, denen völlig anzugehören er auch nicht vermag, eine dritte Welt, einen lichten phantastischen Raum, ein köstliches Nirgendwo, in dem er zu Hause ist und, aller Schwere entbunden, mühelose, schöne, beglückende Flüge tut.

Hier, im frei Erfundenen, mag er ungestraft jedes Gelüst seiner unruhigen Seele stillen, hier hüllt sich seine Schwermut in faltige, dunkle Gewänder, hier glänzt seine Laune in tausend brillanten Funken, hier spielt sein zartes Schönheitsbedürfnis mit den schlanksten, durstigsten Ätherbildungen. Da wohnen Elfen, Nixen, Kobolde, da ist der »sichere Mann«, der Barbier Wispel und der König von Orplid zu Hause.

Orplid! Eine Märcheninsel, von derben und feinen Märchenfiguren bewohnt, Raum genug für tausend Scherze, Seufzer, Ahnungen, aber in das unkörperlich machende, erleichternde, befreiende Licht des Nirgendwo, des Märchens, des Niegewesenen gerückt.

Du bist Orplid, mein Land!
Das ferne leuchtet;
Vom Meere dampfet dein besonnter Strand
Den Nebel, so der Götter Wange feuchtet.
Uralte Wasser steigen
Verjüngt um deine Hüften, Kind!
Vor deiner Gottheit beugen
Sich Könige, die deine Wärter sind.

Hier mischt sich Urmythisches mit Persönlichstem in ganz einziger, inniger Verschmelzung zu einer merkwürdigen, überaus köstlichen Art von Romantik. Anklänge aus dem homerischen Hellas und aus Ossian verbinden sich zwanglos und mit der Selbstverständlichkeit eines Traumerlebnisses mit lokalen altschwäbischen Sagen, mit eigenen Erlebnissen, und Mörikes Sprache reift dabei zu einer unvergleichlich durchleuchteten Klarheit. Sein Witz schöpft stets aus dem Vollen und verkräuselt sich zuweilen ins kokett Zierliche bis nahe zur völligen Entkörperung.

Auf diesem Boden sind Mörikes Märchen gewachsen. Vom schönsten dieser Märchen, dem »Stuttgarter Hutzelmännlein«, glaube ich, daß es nur von geborenen Schwaben ganz bis in die letzten Finessen genossen werden kann. Es ist das höchste und reinste Stück Schwabenpoesie, das ich kenne. Aber nur das letzte Verständnis für die tiefen Quellen des Volkstümlichen, aus denen er schöpfte, bleibt uns Landsleuten vorbehalten – das Ganze ist reine Kunst und jedem feinern Gefühl verständlich.

Das

Stuttgarter Hutzelmännlein,

Märchen

von

Eduard Mörike.

E. Schweizerbart'sche Verlagshandlung in Stuttgart.

1853.

Das Titelblatt der Erstausgabe.

Man bewundert an Mörike so gern seine schalkhafte Grazie und schlichte Zierlichkeit, sein zartes Lächeln und sein sensibles Umgehen alles Groben und Rohen. Und man tut wohl daran, denn er hat hierin kaum seinesgleichen. Aber unter dem blanken Spiegel dieser kostbaren Form brütet eine unermessene Tiefe, und wenn zuweilen der Spiegel nur leise erzittert, tun sich plötzlich ahnungsvolle Blicke in Abgründe und bis ins Herz der Welt auf. Diese Abgründe sind jedoch eben nicht nur in solchen Momenten der Enthüllung da, sondern man fühlt sie beständig nahe, dicht unter der sonnigen Fläche, und vergißt diese Nähe auch an harmlosen und fröhlichen Stellen nicht. Storm hat das auch ein paarmal, aber nie so mächtig und nie so, daß man so gar nichts von seinen Kunstmitteln sieht.

Das scheinbar absichtslose Festhalten einer märchenartigen, ans Übernatürliche streifenden Grundstimmung zeigt sich in der Novelle »Der Schatz« vielleicht am spürbarsten. Wie da zum Schlusse der erzählende Hofrat Arbogast abbricht und die Zuhörer mit Fragen und Bitten hervorbrechen, hat man das Gefühl, aus einer Wolke zu stürzen oder plötzlich aus einem Traume zu erwachen, und spürt erst nachträglich ganz, wie tief man in der Märchenlust steckte und vom verschleierten, geheimnisvollen Ton der Erzählung bezaubert war.

Mörike hat die Anerkennung der großen Welt nicht mehr erlebt. Sie hätte ihm vermutlich auch nicht viel gegeben und genützt, so sehr auch eine Verbesserung seiner höchst bescheidenen Verhältnisse ihm zu gönnen gewesen wäre. Heute ist er bekannter und berühmter, als man je erwartet hätte. Denn schließlich ist er doch kein Dichter für die Zehntausende.

Das Schicksal seiner Dichtungen aber ist das köstlichste und edelste gewesen. Sie sind still und langsam durch die Welt gegangen und haben überall Menschen gefunden, denen die Begegnung eine Welt bedeutete und die von da an ohne Mörike nicht mehr zu leben wüßten. So wird es auch bleiben, und der bescheidene schwäbische Lieder- und Märchendichter wird sicherer und lebendiger durch die Zeiten weiter gehen als viele, deren Namen einst glänzender und heftiger strahlten und die von lauteren Verehrern ausgerufen wurden.

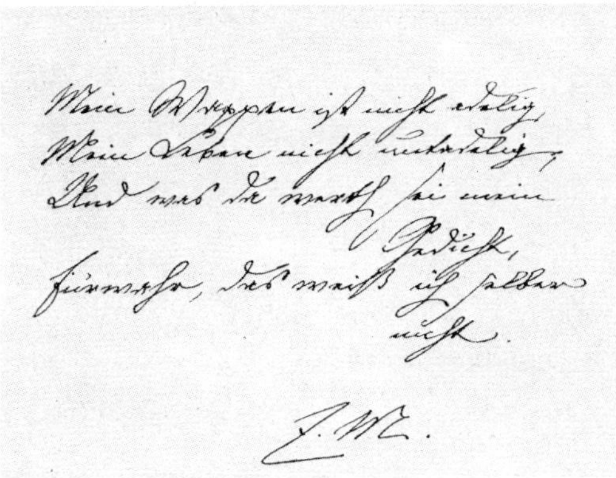
Mein Wappen ist nicht adelig,
Mein Leben nicht untadelig,
Und was da werth sei mein Gedicht,
Fürwahr, das weiß ich selber nicht.
E. M.

Mein Wappen ist nicht adelig,
Mein Leben nicht untadelig,
Und was da werth sei mein Gedicht,
Fürwahr, das weiß ich selber nicht.

Ein Stammbuchvers Mörikes.

Man braucht nicht viel von ihm zu reden – er ist von der Art der süßen, starken Quellen, die auch im Verborgenen und sogar unterirdisch ihren Weg finden und ihre beglückende, lebenfördernde Arbeit tun. Einiges wird allmählich als zeitlich erkannt werden und abfallen, der Kern seines Werkes ist unsterblich und wird noch tausend und tausend Seelen reicher machen. Es werden immer wieder junge Augen brennen und alte Augen glücklich lächeln über diesen Zauberblättern, frohe und traurige Menschen werden sie lesen und werden ihr Leben lang die Stunden segnen, in denen sie es getan haben.

(1910) Hermann Hesse

EDUARD MÖRIKE
GEDICHTE

AUSGEWÄHLT VON
HERMANN HESSE

Gedichte

von

Eduard Mörike.

Stuttgart und Tübingen.

Verlag der J. G. Cotta'schen Buchhandlung.

1838.

Das Titelblatt der ersten Ausgabe der Gedichte.

An einem Wintermorgen vor Sonnenaufgang

O flaumenleichte Zeit der dunkeln Frühe!
Welch neue Welt bewegest du in mir?
Was ist's, daß ich auf einmal nun in dir
Von sanfter Wollust meines Daseins glühe?

Einem Kristall gleicht meine Seele nun,
Den noch kein falscher Strahl des Lichts getroffen;
Zu fluten scheint mein Geist, er scheint zu ruhn,
Dem Eindruck naher Wunderkräfte offen,
Die aus dem klaren Gürtel blauer Luft
Zuletzt ein Zauberwort vor meine Sinne ruft.

Bei hellen Augen glaub' ich doch zu schwanken:
Ich schließe sie, daß nicht der Traum entweiche.
Seh' ich hinab in lichte Feenreiche?
Wer hat den bunten Schwarm von Bildern und Gedan-
[ken
Zur Pforte meines Herzens hergeladen,
Die glänzend sich in diesem Busen baden,
Goldfarb'gen Fischlein gleich im Gartenteiche?
Ich höre bald der Hirtenflöten Klänge,
Wie um die Krippe jener Wundernacht,
Bald weinbekränzter Jugend Lustgesänge;
Wer hat das friedenselige Gedränge
In meine traurigen Wände hergebracht?

Und welch Gefühl entzückter Stärke,
Indem mein Sinn sich frisch zur Ferne lenkt!
Vom ersten Mark des heut'gen Tags getränkt,

Fühl' ich mir Mut zu jedem frommen Werke.
Die Seele fliegt, soweit der Himmel reicht,
Der Genius jauchzt in mir. Doch sage!
Warum wird jetzt der Blick von Wehmut feucht?
Ist's ein verloren Glück, was mich erweicht?
Ist es ein werdendes, was ich im Herzen trage? –
Hinweg, mein Geist! hier gilt kein Stillestehn:
Es ist ein Augenblick, und alles wird verwehn.

Dort, sieh! am Horizont lüpft sich der Vorhang schon.
Es träumt der Tag, nun sei die Nacht entflohn;
Die Purpurlippe, die geschlossen lag,
Haucht, halb geöffnet, süße Atemzüge:
Auf einmal blitzt das Aug', und, wie ein Gott, der Tag
Beginnt im Sprung die königlichen Flüge.

Begegnung

Was doch heut' nacht ein Sturm gewesen,
Bis erst der Morgen sich geregt!
Wie hat der ungebetne Besen
Kamin und Gassen ausgefegt!

Da kommt ein Mädchen schon die Straßen,
Das halb verschüchtert um sich sieht;
Wie Rosen, die der Wind zerblasen,
So unstet ihr Gesichtchen glüht.

Ein schöner Bursch tritt ihr entgegen,
Er will ihr voll Entzücken nahn:
Wie sehn sich freudig und verlegen
Die ungewohnten Schelme an!

Er scheint zu fragen, ob das Liebchen
Die Zöpfe schon zurecht gemacht,
Die heute nacht im offnen Stübchen
Ein Sturm in Unordnung gebracht.

Der Bursche träumt noch von den Küssen,
Die ihm das süße Kind getauscht,
Er steht, von Anmut hingerissen,
Derweil sie um die Ecke rauscht.

Jägerlied

Zierlich ist des Vogels Tritt im Schnee,
Wenn er wandelt auf des Berges Höh':
Zierlicher schreibt Liebchens liebe Hand,
Schreibt ein Brieflein mir in ferne Land'.

In die Lüfte hoch ein Reiher steigt,
Dahin weder Pfeil noch Kugel fleugt:
Tausendmal so hoch und so geschwind
Die Gedanken treuer Liebe sind.

Ein Stündlein wohl vor Tag

Derweil ich schlafend lag,
Ein Stündlein wohl vor Tag,
Sang vor dem Fenster auf dem Baum
Ein Schwälblein mir, ich hört' es kaum –
Ein Stündlein wohl vor Tag:

»Hör' an, was ich dir sag'!
Dein Schätzlein ich verklag':
Derweil ich dieses singen tu',
Herzt er ein Lieb in guter Ruh',
Ein Stündlein wohl vor Tag.«

O weh! nicht weiter sag'!
O still! nichts hören mag.
Flieg' ab, flieg' ab von meinem Baum! –
Ach, Lieb' und Treu' ist wie ein Traum
Ein Stündlein wohl vor Tag.

Liebesvorzeichen

Ich stand am Morgen jüngst im Garten
Vor dem Granatbaum sinnend still;
Mir war, als müßt' ich gleich erwarten,
Ob er die Knospe sprengen will.

Sie aber schien es nicht zu wissen,
Wie mächtig ihr die Fülle schwoll,
Und daß sie in den Feuerküssen
Des goldnen Tages brennen soll.

Und dort am Rasen lag Jorinde;
Wie schnell bin ich zum Gruß bereit,
Indes sie sich nur erst geschwinde
Den Schlummer aus den Augen streut!

Dann leuchtet dieser Augen Schwärze
Mich an in lieb- und guter Ruh';
Sie hört dem Mutwill meiner Scherze
Mit kindlichem Verwundern zu.

Dazwischen dacht' ich wohl im stillen:
Was hast du vor? sie ist ein Kind.
Die Lippen, die von Reife quillen,
Wie blöde noch und fromm gesinnt!

Fürwahr, sie schien es nicht zu wissen,
Wie mächtig ihr die Fülle schwoll,
Und daß sie in den Feuerküssen
Des kecksten Knaben brennen soll.

Still überlegt' ich auf und nieder
Und ging so meiner Wege fort;
Doch fand der nächste Morgen wieder
Mich zeitig bei dem Bäumchen dort.

Mein! wer hat ihm in wenig Stunden
Ein solches Wunder angetan,
Die Flammenkrone aufgebunden?
Und was sagt mir dies Zeichen an?

Ich eile rasch den Gang hinunter,
Dort geht sie schon im Morgenstrahl;
Und bald, o Wunder über Wunder!
Wir küßten uns zum erstenmal.

Nun trieb der Baum wohl Blüt' auf Blüte
Frisch in die blaue Luft hinaus:
Und noch, seitdem er lang' verglühte,
Ging uns das Küssen nimmer aus.

In der Frühe

Kein Schlaf noch kühlt das Auge mir,
Dort gehet schon der Tag herfür
An meinem Kammerfenster.
Es wühlet mein verstörter Sinn
Noch zwischen Zweifeln her und hin
Und schaffet Nachtgespenster. –
Ängste, quäle
Dich nicht länger, meine Seele!
Freu' dich! schon sind da und dorten
Morgenglocken wach geworden.

Er ist's

Frühling läßt sein blaues Band
Wieder flattern durch die Lüfte;
Süße, wohlbekannte Düfte
Streifen ahnungsvoll das Land.
Veilchen träumen schon,
Wollen balde kommen. –
Horch, von fern ein leiser Harfenton!
Frühling, ja du bist's!
Dich hab' ich vernommen!

Im Frühling

Hier lieg' ich auf dem Frühlingshügel:
Die Wolke wird mein Flügel,
Ein Vogel fliegt mir voraus.
Ach, sag' mir, alleinzige Liebe,
Wo du bleibst, daß ich bei dir bliebe!
Doch du und die Lüfte, ihr habt kein Haus.

Der Sonnenblume gleich steht mein Gemüte offen,
Sehnend,
Sich dehnend
In Lieben und Hoffen.
Frühling, was bist du gewillt?
Wann werd' ich gestillt?

Die Wolke seh' ich wandeln und den Fluß,
Es dringt der Sonne goldner Kuß
Mir tief bis ins Geblüt hinein;
Die Augen, wunderbar berauschet,
Tun, als schliefen sie ein,
Nur noch das Ohr dem Ton der Biene lauschet.

Ich denke dies und denke das,
Ich sehne mich und weiß nicht recht, nach was:
Halb ist es Lust, halb ist es Klage;
Mein Herz, o sage,
Was webst du für Erinnerung
In golden grüner Zweige Dämmerung! –
Alte unnennbare Tage!

Fußreise

Am frischgeschnittnen Wanderstab,
Wenn ich in der Frühe
So durch Wälder ziehe,
Hügel auf und ab:
Dann, wie's Vögelein im Laube
Singet und sich rührt,
Oder wie die goldne Traube
Wonnegeister spürt
In der ersten Morgensonne,
So fühlt auch mein alter, lieber
Adam Herbst- und Frühlingsfieber,
Gottbeherzte,
Nie verscherzte
Erstlings-Paradieseswonne.
Also bist du nicht so schlimm, o alter
Adam, wie die strengen Lehrer sagen:
Liebst und lobst du immer doch,
Singst und preisest immer noch,
Wie an ewig neuen Schöpfungstagen,
Deinen lieben Schöpfer und Erhalter!
Möcht' es dieser geben!
Und mein ganzes Leben
Wär' im leichten Wanderschweiße
Eine solche Morgenreise.

Besuch in Urach

Nur fast so wie im Traum ist mir's geschehen,
Daß ich in dies geliebte Tal verirrt.
Kein Wunder ist, was meine Augen sehen,
Doch schwankt der Boden, Luft und Staude schwirrt,
Aus tausend grünen Spieglein scheint zu gehen
Vergangne Zeit, die lächelnd mich verwirrt;
Die Wahrheit selber wird hier zum Gedichte,
Mein eigen Bild ein fremd und hold Gesichte.

Da seid ihr alle wieder aufgerichtet,
Besonnte Felsen, alte Wolkenstühle,
Auf Wäldern schwer, so kaum der Mittag lichtet
Und Schatten mischt mit balsamreicher Schwüle.
Kennt ihr mich noch, der sonst hieher geflüchtet,
Im Moose bei süßschläferndem Gefühle
Der Mücke Sumsen hier ein Ohr geliehen,
Ach, kennt ihr mich und wollt nicht vor mir fliehen?

Hier wird ein Strauch, ein jeder Halm zur Schlinge,
Die mich in liebliche Betrachtung fängt;
Kein Mäuerchen, kein Holz ist so geringe,
Daß nicht mein Blick voll Wehmut an ihm hängt:
Ein jedes spricht mir halbvergeßne Dinge;
Ich fühle, wie, von Schmerz und Lust gedrängt,
Die Träne stockt, indes ich ohne Weile,
Unschlüssig, satt und durstig, weitereile.

Hinweg! und leite mich, du Schar von Quellen,
Die ihr durchspielt der Matten grünes Gold!
Zeigt mir die urbemoosten Wasserzellen,
Aus denen euer ewig's Leben rollt,
Im kühnsten Walde die verwachsnen Schwellen,
Wo eurer Mutter Kraft im Berge grollt,
Bis sie im breiten Schwung an Felsenwänden
Herabstürzt, euch im Tale zu versenden!

O, hier ist's, wo Natur den Schleier reißt;
Sie bricht einmal ihr übermenschlich Schweigen:
Laut mit sich selber redend, will ihr Geist,
Sich selbst vernehmend, sich ihm selber zeigen. –
Doch ach, sie bleibt, mehr als der Mensch, verwaist,
Darf nicht aus ihrem eignen Rätsel steigen.
Dir biet' ich denn, begier'ge Wassersäule,
Die nackte Brust, ach, ob sie dir sich teile!

Vergebens! und dein kühles Element
Tropft an mir ab, im Grase zu versinken.
Was ist's, das deine Seele von mir trennt?
Sie flieht, und möcht' ich auch in dir ertrinken!
Dich kränkt's nicht, wie mein Herz um dich entbrennt,
Küssest im Sturz nur diese schroffen Zinken;
Du bleibest, was du warst seit Tag und Jahren,
Ohn' ein'gen Schmerz der Zeiten zu erfahren.

Hinweg aus diesem üpp'gen Schattengrund
Voll großer Pracht, die drückend mich erschüttert!
Bald grüßt beruhigt mein verstummter Mund
Den schlichten Winkel, wo sonst, halb verwittert,
Die kleine Bank und wo das Hüttchen stund;
Erinn'rung reicht mit Lächeln die verbittert
Bis zur Betäubung süßen Zauberschalen:
So trink' ich gierig die entzückten Qualen.

Hier schlang sich tausendmal ein junger Arm
Um meinen Hals mit inn'gem Wohlgefallen.
O säh' ich mich als Knaben sonder Harm
Wie einst mit Necken durch die Haine wallen!
Ihr Hügel, von der alten Sonne warm,
Erscheint mir denn auf keinem von euch allen
Mein Ebenbild, in jugendlicher Frische
Hervorgesprungen aus dem Waldgebüsche?

O komm, enthülle dich! Dann sollst du mir
Mit Freundlichkeit ins dunkle Auge schauen!
Noch immer, guter Knabe, gleich' ich dir,
Uns beiden wird nicht voreinander grauen.
So komm' und laß mich unaufhaltsam hier
Mich deinem reinen Busen anvertrauen! –
Umsonst, daß ich die Arme nach dir strecke,
Den Boden, wo du gingst, mit Küssen decke!

Hier will ich denn laut schluchzend liegen bleiben,
Fühllos, und alles habe seinen Lauf!
Mein Finger, matt, ins Gras beginnt zu schreiben:
Hin ist die Lust! Hab' alles seinen Lauf! –
Da plötzlich hör' ich's durch die Lüfte treiben,
Und ein entfernter Donner schreckt mich auf:
Elastisch angespannt mein ganzes Wesen
Ist von Gewitterluft wie neu genesen.

Sieh, wie die Wolken finstre Ballen schließen
Um den ehrwürd'gen Trotz der Burgruine!
Von weitem schon hört man den alten Riesen,
Stumm harrt das Tal mit ungewisser Miene,
Der Kuckuck nur ruft sein einförmig Grüßen,
Versteckt, aus unerforschter Wildnis Grüne –
Jetzt kracht die Wölbung und verhallet lange,
Das wundervolle Schauspiel ist im Gange.

Ja nun, indes mit hoher Feuerhelle
Der Blitz die Stirn und Wange mir verklärt,
Ruf' ich den lauten Segen in die grelle
Musik des Donners, die mein Wort bewährt:
O Tal, du meines Lebens andre Schwelle,
Du meiner tiefsten Kräfte stiller Herd,
Du meiner Liebe Wundernest! ich scheide,
Leb wohl! und sei dein Engel mein Geleite!

Mein Fluß

O Fluß, mein Fluß im Morgenstrahl!
Empfange nun, empfange
Den sehnsuchtsvollen Leib einmal
Und küsse Brust und Wange! –
Er fühlt mir schon herauf die Brust,
Und kühlt mit Liebesschauerlust
und jauchzendem Gesange.

Es schlüpft der goldne Sonnenschein
In Tropfen an mir nieder,
Die Woge wieget aus und ein
Die hingegebnen Glieder,
Die Arme hab' ich ausgespannt:
Sie kommt auf mich herzugerannt,
Sie faßt und läßt mich wieder.

Du murmelst so, mein Fluß; warum?
Du trägst seit alten Tagen
Ein seltsam Märchen mit dir um
Und mühst dich, es zu sagen;
Du eilst so sehr und läufst so sehr,
Als müßtest du im Land umher,
Man weiß nicht wen, drum fragen.

Der Himmel, blau und kinderrein,
Worin die Wellen singen,
Der Himmel ist die Seele dein:
O laß mich ihn durchdringen!
Ich tauche mich mit Geist und Sinn
Durch die vertiefte Bläue hin
Und kann sie nicht erschwingen.

Was ist so tief, so tief wie sie?
Die Liebe nur alleine.
Sie wird nicht satt und sättigt nie
Mit ihrem Wechselscheine. –
Schwill an, mein Fluß, und hebe dich,
Mit Grausen übergieße mich!
Mein Leben um das deine!

Du weisest schmeichelnd mich zurück
Zu deiner Blumenschwelle.
So trage denn allein dein Glück
Und wieg' auf deiner Welle
Der Sonne Pracht, des Mondes Ruh'!
Nach tausend Irren kehrest du
Zur ew'gen Mutterquelle.

Auf der Reise

Zwischen süßem Schmerz,
Zwischen dumpfem Wohlbehagen
Sitz' ich nächtlich in dem Reisewagen,
Lasse mich so weit von dir, mein Herz,
Weit und immer weiter tragen.

Schweigend sitz' ich und allein,
Ich wiege mich in bunten Träumen,
Das muntre Posthorn klingt darein,
Es tanzt der liebe Mondenschein
Nach diesem Ton auf Quellen und auf Bäumen,
Sogar zu mir durchs enge Fensterlein.

Ich wünsche mir nun dies und das.
O könnt' ich jetzo durch ein Zauberglas
Ins Goldgewebe deines Traumes blicken!
Vielleicht dann säh' ich wieder mit Entzücken
Dich in der Laube wohlbekannt.
Ich sähe Genovevens Hand
Auf deiner Schulter traulich liegen,
Am Ende säh' ich selber mich,
Halb keck und halb bescheidentlich,
An deine holde Wange schmiegen.

Doch nein! wie dürft' ich auch nur hoffen,
Daß jetzt mein Schatten bei dir sei!
Ach, stünden deine Träume für mich offen,
Du winktest wohl auch wachend mich herbei!

Lebewohl

»Lebe wohl!« – Du fühlest nicht,
Was es heißt, dies Wort der Schmerzen:
Mit getrostem Angesicht
Sagtest du's und leichtem Herzen.

Lebe wohl! – Ach, tausendmal
Hab' ich mir es vorgesprochen.
Und in nimmersatter Qual
Mir das Herz damit gebrochen.

Heimweh

Anders wird die Welt mit jedem Schritt,
Den ich weiter von der Liebsten mache;
Mein Herz, das will nicht weiter mit.
Hier scheint die Sonne kalt ins Land,
Hier deucht mir alles unbekannt,
Sogar die Blumen am Bache,
Hat jede Sache
So fremd eine Miene, so falsch ein Gesicht.
Das Bächlein murmelt wohl und spricht:
Armer Knabe, komm bei mir vorüber!
Siehst auch hier Vergißmeinnicht. –
Ja, die sind schön an jedem Ort,
Aber nicht wie dort.
Fort, nur fort!
Die Augen gehn mir über!

Gesang zu zweien in der Nacht

Sie: Wie süß der Nachtwind nun die Wiese streift
Und klingend jetzt den jungen Hain durchläuft!
Da noch der freche Tag verstummt,
Hört man der Erdenkräfte flüsterndes Gedränge,
Das aufwärts in die zärtlichen Gesänge
Der reingestimmten Lüfte summt.

Er: Vernehm' ich doch die wunderbarsten Stimmen,
Vom lauen Wind wollüstig hingeschleift,
Indes, mit ungewissem Licht gestreift,
Der Himmel selber scheinet hinzuschwimmen.

Sie: Wie ein Gewebe zuckt die Luft manchmal,
Durchsichtiger und heller aufzuwehen;
Dazwischen hört man weiche Töne gehen
Von sel'gen Feen, die im blauen Saal,
Zum Sphärenklang
Und fleißig mit Gesang,
Silberne Spindeln hin und wieder drehen.

Er: O holde Nacht, du gehst mit leisem Tritt
Auf schwarzem Samt, der nur am Tage grünet,
Und lustig schwirrender Musik bedienet
Sich nun dein Fuß zum leichten Schritt,
Womit du Stund' um Stunde missest,
Dich lieblich in dir selbst vergissest –
Du schwärmst, es schwärmt der Schöpfung Seele
[mit.

Die traurige Krönung

Es war ein König Milesint,
Von dem will ich euch sagen:
Der meuchelte sein Bruderskind,
Wollte selbst die Krone tragen.
Die Krönung ward mit Prangen
Auf Liffey-Schloß begangen.
O Irland, Irland! warest du so blind?

Der König sitzt um Mitternacht
Im leeren Marmorsaale,
Sieht irr in all die neue Pracht,
Wie trunken von dem Mahle.
Er spricht zu seinem Sohne:
»Noch einmal bring' die Krone!
Doch schau, wer hat die Pforten aufgemacht?«

Da kommt ein seltsam Totenspiel,
Ein Zug mit leisen Tritten,
Vermummte Gäste groß und viel,
Eine Krone schwankt inmitten;
Es drängt sich durch die Pforte
Mit Flüstern ohne Worte:
Dem Könige, dem wird so geisterschwül.

Und aus der schwarzen Menge blickt
Ein Kind mit frischer Wunde,
Es lächelt sterbensweh und nickt,
Es macht im Saal die Runde,

Miniaturmalerei Mörikes.

Es trippelt zu dem Throne,
Es reichet eine Krone
Dem Könige, das Herze tief erschrickt.

Darauf der Zug von dannen strich,
Von Morgenluft berauschet.
Die Kerzen flackern wunderlich,
Der Mond am Fenster lauschet.
Der Sohn mit Angst und Schweigen
Zum Vater tät sich neigen –
Er neiget über eine Leiche sich.

Jung Volkers Lied

Und die mich trug in Mutterleib,
Und die mich schwang im Kissen,
Die war ein schön frech braunes Weib,
Wollte nichts vom Mannsvolk wissen.

Sie scherzte nur und lachte laut
Und ließ die Freier stehen:
»Möcht' lieber sein des Windes Braut,
Denn in die Ehe gehen!«

Da kam der Wind, da nahm der Wind
Als Buhle sie gefangen:
Von dem hat sie ein lustig Kind
In ihren Schoß empfangen.

Nimmersatte Liebe

So ist die Lieb'! So ist die Lieb'!
Mit Küssen nicht zu stillen!
Wer ist der Tor und will ein Sieb
Mit eitel Wasser füllen?
Und schöpfst du an die tausend Jahr'
Und küssest ewig, ewig gar,
Du tust ihr nie zu Willen.

Die Lieb', die Lieb' hat alle Stund'
Neu wunderlich Gelüsten:
Wir bissen uns die Lippen wund,
Da wir uns heute küßten.
Das Mädchen hielt in guter Ruh',
Wie's Lämmlein unterm Messer,
Ihr Auge bat: Nur immer zu!
Je weher, desto besser!

So ist die Lieb'! und war auch so,
Wie lang' es Liebe gibt,
Und anders war Herr Salomo,
Der Weise, nicht verliebt.

Der Gärtner

Auf ihrem Leibrößlein,
So weiß wie der Schnee,
Sie schönste Prinzessin
Reit't durch die Allee.

Der Weg, den das Rößlein
Hintanzet so hold,
Der Sand, den ich streute,
Er blinket wie Gold.

Du rosenfarbs Hütlein,
Wohl auf und wohl ab,
O wirf eine Feder
Verstohlen herab!

Und willst du dagegen
Eine Blüte von mir,
Nimm tausend für eine,
Nimm alle dafür!

Schön-Rohtraut

Wie heißt König Ringangs Töchterlein?
  Rohtraut, Schön-Rohtraut.
Was tut sie denn den ganzen Tag,
Da sie wohl nicht spinnen und nähen mag?
  Tut fischen und jagen.
O daß ich doch ihr Jäger wär'!
Fischen und Jagen freute mich sehr. –
  Schweig stille, mein Herze!

Und über eine kleine Weil',
  Rohtraut, Schön-Rohtraut,
So dient der Knab' auf Ringangs Schloß
In Jägertracht und hat ein Roß,
  Mit Rohtraut zu jagen,
O daß ich doch ein Königssohn wär'!
Rohtraut, Schön-Rohtraut lieb' ich so sehr. –
  Schweig stille, mein Herze!

Einstmals sie ruhten am Eichenbaum,
  Das lacht Schön-Rohtraut:
»Was siehst mich an so wunniglich?
Wenn du das Herz hast, küsse mich!«
  Ach, erschrak der Knabe!
Doch denket er: Mir ist's vergunnt,
Und küsset Schön-Rohtraut auf den Mund. –
  Schweig stille, mein Herze!

Zeichnung Eduard Mörikes.

Darauf sie ritten schweigend heim,
　Rohtraut, Schön-Rohtraut;
Es jauchzt der Knab' in seinem Sinn:
Und würdst du heute Kaiserin,
　Mich sollt's nicht kränken!
Ihr tausend Blätter im Walde, wißt!
Ich hab' Schön-Rohtrauts Mund geküßt –
　Schweig stille, mein Herze!

Das verlassene Mägdlein

Früh, wann die Hähne krähn,
Eh' die Sternlein verschwinden,
Muß ich am Herde stehn,
Muß Feuer zünden.

Schön ist der Flammen Schein,
Es springen die Funken;
Ich schaue so drein,
In Leid versunken.

Plötzlich da kommt es mir,
Treuloser Knabe,
Daß ich die Nacht von dir
Geträumet habe.

Träne auf Träne dann
Stürzet hernieder:
So kommt der Tag heran –
O ging' er wieder!

Elfenlied

Bei Nacht im Dorf der Wächter rief:
»Elfe!«
Ein ganz kleines Elfchen im Walde schlief –
Wohl um die Elfe –
Und meint, es rief' ihm aus dem Tal
Bei seinem Namen die Nachtigall,
Oder Silpelit hätt' ihm gerufen.
Reibt sich der Elf die Augen aus,
Begibt sich vor sein Schneckenhaus
Und ist als wie ein trunken Mann,
Sein Schläflein war nicht voll getan,
Und humpelt also tippe tapp
Durchs Haselholz ins Tal hinab,
Schlupft an der Mauer hin so dicht,
Da sitzt der Glühwurm, Licht an Licht.
»Was sind das helle Fensterlein?
Da drin wird eine Hochzeit sein:
Die Kleinen sitzen beim Mahle
Und treiben's in dem Saale;
Da guck' ich wohl ein wenig 'nein.« –
Pfui, stößt den Kopf an harten Stein!
Elfe, gelt, du hast genug?
Guckuck! Guckuck!

Die Soldatenbraut

Ach, wenn's nur der König auch wüßt',
Wie wacker mein Schätzelein ist!
Für den König da ließ' er sein Blut,
Für mich aber ebensogut.

Mein Schatz hat kein Band und kein' Stern,
Kein Kreuz, wie die vornehmen Herrn;
Mein Schatz wird auch kein General, –
Hätt' er nur seinen Abschied einmal!

Es scheinen drei Sterne so hell
Dort über Marien-Kapell:
Da knüpft uns ein rosenrot Band,
Und ein Hauskreuz ist auch bei der Hand.

Der Feuerreiter

Sehet ihr am Fensterlein
Dort die rote Mütze wieder?
Nicht geheuer muß es sein,
Denn er geht schon auf und nieder.
Und auf einmal welch Gewühle
Bei der Brücke, nach dem Feld!
Horch! Das Feuerglöcklein gellt:
    Hinterm Berg,
    Hinterm Berg
Brennt es in der Mühle.

Schaut! Da sprengt er wütend schier
Durch das Tor, der Feuerreiter,
Auf dem rippendürren Tier,
Als auf einer Feuerleiter.
Querfeldein! Durch Qualm und Schwüle
Rennt er schon und ist am Ort!
Drüben schallt es fort und fort:
    Hinterm Berg,
    Hinterm Berg
Brennt es in der Mühle.

Der so oft den roten Hahn
Meilenweit von fern gerochen,
Mit des heil'gen Kreuzes Span
Freventlich die Glut besprochen –
Weh! Der grinst vom Dachgestühle
Dort der Feind im Höllenschein.

Gnade Gott der Seele dein!
Hinterm Berg,
Hinterm Berg
Rast er in der Mühle.

Keine Stunde hielt es an,
Bis die Mühle borst in Trümmer;
Doch den kecken Reitersmann
Sah man von der Stunde nimmer.
Volk und Wagen im Gewühle
Kehren heim von all dem Graus,
Auch das Glöcklein klinget aus:
Hinterm Berg,
Hinterm Berg
Brennt's! –

Nach der Zeit ein Müller fand
Ein Gerippe samt der Mützen
Aufrecht an der Kellerwand
Auf der beinern Mähre sitzen.
Feuerreiter, wie so kühle
Reitest du in deinem Grab!
Husch! Da fällt's in Asche ab.
Ruhe wohl,
Ruhe wohl
Drunten in der Mühle!

Die Geister am Mummelsee

Vom Berge was kommt dort um Mitternacht spät
Mit Fackeln so prächtig herunter?
Ob das wohl zum Tanze, zum Feste noch geht?
Mir klingen die Lieder so munter.
O nein!
So sage, was mag es wohl sein!

Das, was du da siehest, ist Totengeleit,
Und was du da hörest, sind Klagen.
Dem König, dem Zauberer, gilt es zu Leid,
Sie bringen ihn wieder getragen
O weh!
So sind es die Geister vom See.

Sie schweben herunter ins Mummelseetal,
Sie haben den See schon betreten,
Sie rühren und netzen den Fuß nicht einmal,
Sie schwirren in leisen Gebeten. –
O schau!
Am Sarge die glänzende Frau!

Jetzt öffnet der See das grünspiegelnde Tor.
Gib acht! nun tauchen sie nieder.
Es schwankt eine lebende Treppe hervor,
Und – drunten schon summen die Lieder.
Hörst du?
Sie singen ihn unten zur Ruh'.

Die Wasser, wie lieblich sie brennen und glühn!
Sie spielen in grünendem Feuer;
Es geisten die Nebel am Ufer dahin,
Zum Meere verzieht sich der Weiher. –
Nur still!
Ob dort sich nichts rühren will?

Es zuckt in der Mitten – o Himmel! ach hilf!
Nun kommen sie wieder, sie kommen.
Es orgelt im Rohr, und es klirret im Schilf;
Nur hurtig, die Flucht nur genommen!
Davon!
Sie wittern, sie haschen mich schon.

Gesang Weylas

Du bist Orplid, mein Land,
Das ferne leuchtet!
Vom Meere dampfet dein besonnter Strand
Den Nebel, so der Götter Wange feuchtet.

Uralte Wasser steigen
Verjüngt um deine Hüften, Kind!
Vor deiner Gottheit beugen
Sich Könige, die deine Wärter sind.

An eine Lieblingsbuche meines Gartens,
in deren Stamm ich Höltys Namen schnitt

Holdeste Dryas, halte mir still! Es schmerzet nur wenig:
Mit wollüstigem Reiz schließt sich die Wunde ge-
[schwind.
Eines Dichters Namen zu tragen, bist du gewürdigt;
Keinen lieberen hat Wiese noch Wald mir genannt.
Sei du künftig von allen deinen Geschwistern die erste,
Welche der kommende Lenz wecket und reichlich
[belaubt!
Und ein liebendes Mädchen, von deinem Dunkel um-
[duftet,
Sehe den Namen, der, halb nur verborgen, ihr winkt.
Leise drückt sie, gedankenvoll, die Lippen auf diese
Lettern: es dringet ihr Kuß dir an das innerste Mark.
Wehe der Hand, die dich zu schädigen waget! Ihr
[glücke
Nimmer, in Feld und Haus, nimmer ein friedliches
[Werk!

Götterwink

Nachts auf einsamer Bank saß ich im tauenden Garten,
Nah dem erleuchteten Saal, der mir die Liebste ver-
[barg.
Rund umblüheten ihn die Akazien, duftaushauchend,
Weiß wie der fallende Schnee deckten die Blüten den
[Weg.
Mädchengelächter erscholl und Tanz und Musik in
[dem Innern:
Doch aus dem fröhlichen Chor hört' ich nur andre
[heraus.
Trat sie einmal ans Fenster, ich hätte den dunkelsten
[Umriß
Ihrer lieben Gestalt gleich unter allen erkannt.
Warum zeigt sie sich nicht und weiß, es ist der Geliebte
Niemals ferne von ihr, wo sie auch immer verweilt?
Ihr umgebt sie nun dort, o feine Gesellen! Ihr findet,
Schön ist die Blume, noch rein atmend die Würze des
[Hains.
Dünkt euch dies Kind wohl eben gereift für das erste
[Verständnis
Zärtlicher Winke? Ihr seid schnelle, doch kommt ihr
[zu spät.
Stirne, Augen und Mund, von Unschuld strahlend,
[umdämmert
Schon des gekosteten Glücks seliger Nebel geheim.
Blickt sie nicht wie abwesend in euren Lärmen? Ihr
[Lächeln
Zeigt nur gezwungen die Zahnperlen, die köstli-
[chen, euch.

Wüßtet ihr, was die Schleife verschweigt im doppelten [Kranze
Ihrer Flechten! Ich selbst steckte sie, küssend, ihr an.
Während mein Arm den Nacken umschlang, den [eueren Blicken
Glücklich der seidene Flor, lüsterne Knaben, ver- [hüllt. –
Also sprach ich und schwellte mir so Verlangen und [Sehnsucht;
Kleinliche Sorge bereits mischte sich leise darein.
Aber ein Zeichen erschien, ein göttliches: nicht die [Geliebte
Schickt' es, doch Amor selbst, welchen mein Kum- [mer gerührt.
Denn an dem Altan hinter dem nächtlichen Fenster [bewegt sich
Plötzlich, wie Fackelschein, eilig vorüber ein Licht,
Stark herstrahlend zu mir, und hebt aus dem dunkeln [Gebüsche
Dicht mir zur Seite die hochglühende Rose hervor.
Heil, o Blume! Du willst mir verkünden, o götterbe- [rührte,
Welche Wonne noch heut mein, des Verwegenen, harrt
Im verschloßnen Gemach. Wie schlägt mein Busen! – [Erschütternd
Ist der Dämonien Ruf, auch der den Sieg dir ver- [spricht.

Zeichnung Eduard Mörikes.

Auf eine Lampe

Noch unverrückt, o schöne Lampe, schmückest du,
An leichten Ketten zierlich aufgehangen hier,
Die Decke des nun fast vergeßnen Lustgemachs.
Auf deiner weißen Marmorschale, deren Rand
Der Efeukranz von goldengrünem Erz umflicht,
Schlingt fröhlich eine Kinderschar den Ringelreihn.
Wie reizend alles! lachend und ein sanfter Geist
Des Ernstes doch ergossen um die ganze Form:
Ein Kunstgebild der echten Art. Wer achtet sein?
Was aber schön ist, selig scheint es in ihm selbst.

Lied eines Verliebten

In aller Früh, ach, lang' vor Tag,
Weckt mich mein Herz, an dich zu denken,
Da doch gesunde Jugend schlafen mag.

Hell ist mein Aug' um Mitternacht,
Heller als frühe Morgenglocken:
Wann hättst du je am Tage mein gedacht?

Wär' ich ein Fischer, stünd' ich auf,
Trüge mein Netz hinab zum Flusse,
Trüg' herzlich froh die Fische zum Verkauf.

In der Mühle bei Licht der Müllerknecht
Tummelt sich, alle Gänge klappern;
So rüstig Treiben wär' mir eben recht.

Weh! aber ich, o armer Tropf,
Muß auf dem Lager mich müßig grämen,
Ein ungebärdig Mutterkind im Kopf.

Abreise

Fertig schon zur Abfahrt steht der Wagen,
Und das Posthorn bläst zum letzten Male.
Sagt, wo bleibt der vierte Mann so lange!
Ruft ihn, soll er nicht dahinten bleiben!
Indes fällt ein rascher Sommerregen,
Eh' man hundert zählt, ist er vorüber,
Fast zu kurz, den heißen Staub zu löschen;
Doch auch diese Letzung ist willkommen.
Kühlung füllt und Wohlgeruch den weiten
Platz, und an den Häusern ringsum öffnet
Sich ein Blumenfenster um das andre.
Endlich kommt der junge Mann. Geschwinde!
Eingestiegen! – Und fort rollt der Wagen.
Aber sehet! Auf dem nassen Pflaster
Vor dem Posthaus, wo er stillgehalten,
Läßt er einen trocknen Fleck zurücke,
Lang und breit, sogar die Räder sieht man
Angezeigt und wo die Pferde standen.
Aber dort in jenem hübschen Hause,
Drin der Jüngling sich so lang' verweilte,
Steht ein Mädchen hinterm Fensterladen,
Blicket auf die weiß gelaßne Stelle,
Hält ihr Tüchlein vors Gesicht und weinet.
Mag es ihr so ernst sein? Ohne Zweifel.
Doch der Jammer wird nicht lange währen:
Mädchenaugen, wißt ihr, trocknen hurtig,
Und eh' auf dem Markt die Steine wieder
Alle hell geworden von der Sonne,
Könnet ihr den Wildfang lachen hören.

Septembermorgen

Im Nebel ruhet noch die Welt,
Noch träumen Wald und Wiesen:
Bald siehst du, wenn der Schleier fällt,
Den blauen Himmel unverstellt,
Herbstkräftig die gedämpfte Welt
In warmem Golde fließen.

Verborgenheit

Laß, o Welt, o laß mich sein!
Locket nicht mit Liebesgaben!
Laßt dies Herz alleine haben
Seine Wonne, seine Pein!

Was ich traure, weiß ich nicht:
Es ist unbekanntes Wehe;
Immerdar durch Tränen sehe
Ich der Sonne liebes Licht.

Oft bin ich mir kaum bewußt,
Und die helle Freude zücket
Durch die Schwere, die mich drücket,
Wonniglich in meiner Brust.

Laß, o Welt, o laß mich sein!
Locket nicht mit Liebesgaben!
Laßt dies Herz alleine haben
Seine Wonne, seine Pein!

Früh im Wagen

Es graut vom Morgenreif
In Dämmerung das Feld,
Da schon ein blasser Streif
Den fernen Ost erhellt;

Man sieht im Lichte bald
Den Morgenstern vergehn
Und doch am Fichtenwald
Den vollen Mond noch stehn:

So ist mein scheuer Blick,
Den schon die Ferne drängt,
Noch in das Schmerzensglück
Der Abschiedsnacht versenkt.

Dein blaues Auge steht,
Ein dunkler See, vor mir,
Dein Kuß, dein Hauch umweht,
Dein Flüstern mich noch hier.

An deinem Hals begräbt
Sich weinend mein Gesicht,
Und Purpurschwärze webt
Mir vor dem Auge dicht.

Die Sonne kommt. Sie scheucht
Den Traum hinweg im Nu,
Und von den Bergen streicht
Ein Schauer auf mich zu.

Denk' es, o Seele

Ein Tännlein grünet wo,
Wer weiß? im Walde,
Ein Rosenstrauch, wer sagt,
In welchem Garten?
Sie sind erlesen schon –
Denk' es, o Seele! –
Auf deinem Grab zu wurzeln
Und zu wachsen.

Zwei schwarze Rößlein weiden
Auf der Wiese,
Sie kehren heim zur Stadt
In muntern Sprüngen.
Sie werden schrittweis gehn
Mit deiner Leiche,

Vielleicht, vielleicht noch eh'
An ihren Hufen
Das Eisen los wird,
Das ich blitzen sehe.

Peregrina

I.

Der Spiegel dieser treuen braunen Augen
Ist wie von innerm Gold ein Widerschein;
Tief aus dem Busen scheint er's anzusaugen,
Dort mag solch Gold in heil'gem Gram gedeihn.
In diese Nacht des Blickes mich zu tauchen,
Unwissend Kind, du selber lädst mich ein:
Willst, ich soll kecklich mich und dich entzünden,
Reichst lächelnd mir den Tod im Kelch der Sünden.

II.

Ausgeschmückt ist der Freudensaal:
Lichterhell, bunt in laulicher Sommernacht
Stehet das offene Gartengezelte;
Säulengleich steigen, gepaart
Grünumranket, eherne Schlangen,
Zwölf, mit verschlungenen Hälsen,
Tragend und stützend das
Leicht gegitterte Dach.

Aber die Braut noch wartet verborgen
In dem Kämmerlein ihres Hauses.
Endlich bewegt sich der Zug der Hochzeit,
Fackeln tragend,
Feierlich stumm.
Und in der Mitte,
Mich an der rechten Hand,
Schwarz gekleidet, geht einfach die Braut;
Schöngefaltet ein Scharlachtuch

Liegt um den zierlichen Kopf geschlagen.
Lächelnd geht sie dahin; das Mahl schon duftet.

Später im Lärmen des Fests
Stahlen wir seitwärts uns beide
Weg, nach den Schatten des Gartens wandelnd,
Wo im Gebüsche die Rosen brannten,
Wo der Mondstrahl um Lilien zuckte,
Wo die Weymouthsfichte mit schwarzem Haar
Den Spiegel des Teiches halb verhängt.

Auf seidnem Rasen dort, ach, Herz am Herzen,
Wie verschlangen, erstickten meine Küsse den scheue-
[ren Kuß,
Indes der Springquell, unteilnehmend
An überschwenglicher Liebe Geflüster,
Sich ewig des eigenen Plätscherns freute!
Uns aber neckten von fern und lockten
Freundliche Stimmen,
Flöten und Saiten umsonst.

Ermüdet lag, zu bald für mein Verlangen,
Das leichte, liebe Haupt auf meinem Schoß.
Spielender Weise mein Aug' auf ihres drückend,
Fühlt' ich ein Weilchen die langen Wimpern,
Bis der Schlaf sie stellte,
Wie Schmetterlingsgefieder auf und niedergehn.
Eh' das Frührot schien,
Eh' das Lämpchen erlosch im Brautgemache,
Weckt' ich die Schläferin,
Führte das seltsame Kind in mein Haus ein.

III.

Ein Irrsal kam in die Mondscheingärten
Einer einst heiligen Liebe;
Schaudernd entdeckt' ich verjährten Betrug.
Und mit weinendem Blick, doch grausam
Hieß ich das schlanke,
Zauberhafte Mädchen
Ferne gehen von mir.
Ach, ihre hohe Stirn
War gesenkt, denn sie liebte mich;
Aber sie zog mit Schweigen
Fort in die graue
Welt hinaus.

Krank seitdem,
Wund ist und wehe mein Herz.
Nimmer wird es genesen!
Als ginge, luftgesponnen, ein Zauberfaden
Von ihr zu mir, ein ängstig Band,
So zieht es, zieht mich schmachtend ihr nach. –
Wie? Wenn ich eines Tags auf meiner Schwelle
Sie sitzen fände, wie einst, im Morgenzwielicht,
Das Wanderbündel neben ihr,
Und ihr Auge, treuherzig zu mir aufschauend,
Sagte: Da bin ich wieder
Hergekommen aus weiter Welt!

IV.

Warum, Geliebte, denk' ich dein
Auf einmal nun mit tausend Tränen

Und kann gar nicht zufrieden sein
Und will die Brust in alle Weite dehnen?

Ach, gestern in den hellen Kindersaal
Beim Flimmer zierlich aufgesteckter Kerzen,
Wo ich mein selbst vergaß in Lärm und Scherzen,
Tratst du, o Bildnis mitleidschöner Qual:
Es war dein Geist, er setzte sich ans Mahl.
Fremd saßen wir mit stumm verhaltnen Schmerzen;
Zuletzt brach ich in lautes Schluchzen aus,
Und Hand in Hand verließen wir das Haus.

V.

Die Liebe, sagt man, steht am Pfahl gebunden,
Geht endlich arm, zerrüttet, unbeschuht;
Dies edle Haupt hat nicht mehr, wo es ruht,
Mit Tränen netzet sie der Füße Wunden.

Ach, Peregrinen hab' ich so gefunden!
Schön war ihr Wahnsinn, ihrer Wange Glut,
Noch scherzend in der Frühlingsstürme Wut
Und wilde Kränze in das Haar gewunden.

War's möglich, solche Schönheit zu verlassen? –
So kehrt nur reizender das alte Glück.
O komm, in diese Arme dich zu fassen!

Doch weh! O weh! Was soll mir dieser Blick?
Sie küßt mich zwischen Lieben noch und Hassen,
Sie kehrt sich ab und kehrt mir nie zurück.

Um Mitternacht

Gelassen stieg die Nacht ans Land,
Lehnt träumend an der Berge Wand;
Ihr Auge sieht die goldne Wage nun
Der Zeit in gleichen Schalen stille ruhn.
  Und kecker rauschen die Quellen hervor,
  Sie singen der Mutter, der Nacht, ins Ohr
    Vom Tage,
Vom heute gewesenen Tage.

Das uralt alte Schlummerlied –
Sie achtet's nicht, sie ist es müd';
Ihr klingt des Himmels Bläue süßer noch,
Der flücht'gen Stunden gleichgeschwungnes Joch.
  Doch immer behalten die Quellen das Wort,
  Es singen die Wasser im Schlafe noch fort
    Vom Tage,
Vom heute gewesenen Tage.

Auf einer Wanderung

In ein freundliches Städtchen tret' ich ein,
In den Straßen liegt roter Abendschein.
Aus einem offnen Fenster eben
Über den reichsten Blumenflor
Hinweg hört man Goldglockentöne schweben,
Und eine Stimme scheint ein Nachtigallenchor,
Daß die Blüten beben,
Daß die Lüfte leben,
Daß in höherem Rot die Rosen leuchten vor.

Lang' hielt ich staunend, lustbeklommen.
Wie ich hinaus vors Tor gekommen,
Ich weiß es wahrlich selber nicht.
Ach hier, wie liegt die Welt so licht!
Der Himmel wogt in purpurnem Gewühle,
Rückwärts die Stadt in goldnem Rauch;
Wie rauscht der Erlenbach, wie rauscht im Grund die
[Mühle!

Ich bin wie trunken irrgeführt:
O Muse, du hast mein Herz berührt
Mit einem Liebeshauch.

Auf ein altes Bild

In grüner Landschaft Sommerflor
Bei kühlem Wasser, Schilf und Rohr,
Schau, wie das Knäblein Sündelos
Frei spielet auf der Jungfrau Schoß! –
Und dort im Walde wonnesam,
Ach! grünet schon des Kreuzes Stamm.

An die Geliebte

Wenn ich, von deinem Anschaun tief gestillt,
Mich stumm an deinem heil'gen Wert vergnüge,
Dann hör' ich recht die leisen Atemzüge
Des Engels, welcher sich in dir verhüllt.

Und ein erstaunt, ein fragend Lächeln quillt
Auf meinem Mund, ob mich kein Traum betrüge,
Daß nun in dir, zu ewiger Genüge,
Mein kühnster Wunsch, mein einz'ger, sich erfüllt.

Von Tiefe dann zu Tiefen stürzt mein Sinn,
Ich höre aus der Gottheit nächt'ger Ferne
Die Quellen des Geschicks melodisch rauschen.

Betäubt kehr' ich den Blick nach oben hin,
Zum Himmel auf – da lächeln alle Sterne:
Ich knie, ihrem Lichtgesang zu lauschen.

Neue Liebe

Kann auch ein Mensch des andern auf der Erde
Ganz, wie er möchte, sein? –
In langer Nacht bedacht' ich mir's und mußte sagen:
[Nein!

So kann ich niemands heißen auf der Erde,
Und niemand wäre mein? –
Aus Finsternissen hell in mir aufzückt ein Freuden-
[schein:

Sollt' ich mit Gott nicht können sein,
So wie ich möchte, mein und dein?
Was hielte mich, daß ich's nicht heute werde?

Ein süßes Schrecken geht durch mein Gebein:
Mich wundert, daß es mir ein Wunder wollte sein,
Gott selbst zu eigen haben auf der Erde!

Gebet

I.

Herr, schicke, was du willt,
Ein Liebes oder Leides!
Ich bin vergnügt, daß beides
Aus deinen Händen quillt.

II.

Wollest mit Freuden
Und wollest mit Leiden
Mich nicht überschütten!
Doch in der Mitten
Liegt holdes Bescheiden.

illustriert von Ludwig Richter.

Der alte Turmhahn

Idylle

Zu Cleversulzbach im Unterland
Hundertunddreizehn Jahr' ich stand
Auf dem Kirchturm, ein guter Hahn,
Als ein Zierat und Wetterfahn'.
In Sturm und Wind und Regennacht
Hab' ich allzeit das Dorf bewacht.
Manch falber Blitz hat mich gestreift,
Der Frost mein' roten Kamm bereift,
Auch manchen lieben Sommertag,
Da man gern Schatten haben mag,
Hat mir die Sonne unverwandt
Auf meinen goldigen Leib gebrannt.
So ward ich schwarz für Alter ganz,
Und weg ist aller Glitz und Glanz.

Da haben sie mich denn zuletzt
Veracht't und schmählich abgesetzt.
Meinthalb! So ist der Welt ihr Lauf:
Jetzt tun sie einen andern 'nauf.
Stolzier', prachtier' und dreh' dich nur!
Dir macht der Wind noch andre Cour.

Ade, o Tal, du Berg und Tal!
Rebhügel, Wälder allzumal!
Herzlieber Turn und Kirchendach,
Kirchhof und Steglein übern Bach!
Du Brunnen, dahin spat und früh,
Öchslein springen, Schaf' und Küh'!
Hans hinterdrein kommt mit dem Stecken
Und Bastes Evlein auf dem Schecken. –
Ihr Störch' und Schwalben, grobe Spatzen,
Euch soll ich nimmer hören schwatzen!
Lieb deucht mir jedes Drecklein itzt,
Damit ihr ehrlich mich beschmitzt.
Ade, Hochwürden, Ihr, Herr Pfarr,
Schulmeister auch, du armer Narr!
Aus ist, was mich gefreut so lang',
Geläut' und Orgel, Sang und Klang.

Von meiner Höh' so sang ich dort
Und hätt' noch lang' gesungen fort:
Da kam so ein krummer Teufelshöcker –
Ich schätz', es war der Schieferdecker –
Packt mich, kriegt nach manch hartem Stoß
Mich richtig von der Stange los.
Mein alt preßhafter Leib schier brach,

Da er mit mir fuhr ab dem Dach
Und bei den Glocken schnurrt' hinein.
Die glotzten sehr verwundert drein;
Regt' ihnen doch weiter nicht den Mut,
Dachten eben: Wir hangen gut.

Jetzt tät man mich mit altem Eisen
Dem Meister Hufschmied überweisen;
Der zahlt zween Batzen und meint Wunder,
Wie viel es wär' für solchen Plunder.
Und also ich selben Mittag
Betrübt vor seiner Hütte lag.
Ein Bäumlein – es war Maienzeit –
Schneeweise Blüten auf mich streut,
Hühner gackeln um mich her,
Unachtend, was das für ein Vetter wär'.
Da geht mein Pfarrherr nun vorbei,
Grüßt den Meister und lächelt: »Ei,
Wär's so weit mit uns, armer Hahn?
Andres, was fangt Ihr mit ihm an?
Ihr könnt ihn weder sieden noch braten,
Mir aber müßt' es schlimm geraten,
Einen alten Kirchendiener gut
Nicht zu nehmen in Schutz und Hut.
Kommt! Tragt ihn mir gleich vor ins Haus,
Trinket ein kühl Glas Wein mit aus!«

Der rußig' Lümmel, schnell bedacht,
Nimmt mich vom Boden auf und lacht.
Es fehlt' nicht viel, so tat ich frei
Gen Himmel einen Freudenschrei.

Im Pfarrhaus ob dem fremden Gast
War groß und klein erschrocken fast;
Bald aber in jedem Angesicht
Ging auf ein rechtes Freudenlicht.
Frau, Magd und Knecht, Mägdlein und Buben
Den großen Göckel in der Stuben
Mit siebenfacher Stimmen Schall
Begrüßen, begucken, betasten all'.
Der Gottesmann drauf mildiglich
Mit eignen Händen trägt er mich
Nach seinem Zimmer, Stiegen auf,
Nachpolteret der ganze Hauf'.

Hier wohnt der Frieden auf der Schwell'.
In den geweißten Wänden hell
Sogleich empfing mich sondre Luft,
Bücher- und Gelahrtenduft,
Gerani- und Resedaschmack
Auch ein Rüchlein Rauchtabak.
(Dies war mir all' noch unbekannt.)
Ein alter Ofen aber stand
In der Ecke linker Hand.
Recht als ein Turn tät er sich strecken
Mit seinem Gipfel bis zur Decken,
Mit Säulwerk, Blumwerk, kraus und spitz –

O anmutsvoller Ruhesitz!
Zuöberst auf dem kleinen Kranz
Der Schmied mich auf ein Stänglein pflanzt'.

Betrachtet mir das Werk genau!
Mir deucht's ein ganzer Münsterbau,
Mit Schildereien wohl geziert,
Mit Reimen christlich ausstaffiert.
Davon vernahm ich manches Wort,
Dieweil der Ofen ein guter Hort
Für Kind und Kegel und alte Leut',
Zu plaudern, wann es wind't und schneit.

Hier seht ihr seitwärts auf der Platten
Eines Bischofs Krieg mit Mäus' und Ratten,
Mitten im Rheinstrom sein Kastell.
Das Ziefer kommt geschwommen schnell,
Die Knecht' nichts richten mit Waffen und Wehr:
Der Schwänze werden immer mehr.
Viel tausend gleich in dicken Haufen,
Frech an der Mauer auf sie laufen,
Fallen dem Pfaffen in sein Gemach.
Sterben muß er mit Weh und Ach,
Von den Tieren aufgefressen;
Denn er mit Meineid sich vermessen. –
Sodann König Belsazers seinen Schmaus,
Weiber und Spielleut', Saus und Braus!
Zu großem Schrecken an der Wand
Rätsel schreibt eines Geistes Hand. –
Zuletzt da vorne stellt sich für
Sara, lauschend an der Tür,

Als der Herr mit Abraham
Vor seiner Hütte zu reden kam
Und ihme einen Sohn versprach.
Sara sich Lachens nicht entbrach,
Weil sie beide schon sehr hoch betaget.
Der Herr vernimmt es wohl und fraget:
»Wie? Lachet Sara? Glaubt sie nicht,
Was der Herr will, leicht geschicht?
Das Weib hinwieder Flausen machet,
Spricht: »Ich habe nicht gelachet.«
Das war nun wohl gelogen fast;
Der Herr es doch passieren laßt,
Weil sie nicht leugt aus arger List,
Auch eine Patriarchin ist.

Seit daß ich hier bin, dünket mir
Die Winterszeit die schönste schier.
Wie sanft ist aller Tage Fluß
Bis zum geliebten Wochenschluß! –
Freitag zu Nacht noch um die Neune
Bei seiner Lampen Trost alleine
Mein Herr fangt an sein Predigtlein
Studieren; anders mag's nicht sein.
Eine Weil' am Ofen brütend steht,
Unruhig hin und dannen geht:
Sein Text ihm schon die Adern reget;
Drauf er sein Werk zu Faden schläget.
Inmittelst einmal auch etwan
Hat er ein Fenster aufgetan –
Ah, Sternenlüfteschwall wie rein
Mit Haufen dringet zu mir ein!

Den Verrenberg ich schimmern seh',
Den Schäferbühel dick mit Schnee.

Zu schreiben endlich er sich setzet,
Ein Blättlein nimmt, die Feder netzet,
Zeichnet sein Alpha und sein O
Über dem Exordio.
Und ich von meinem Postament
Kein Aug' ab meinem Herrlein wend',
Seh', wie er mit Blicken steif ins Licht
Sinnt, prüfet jedes Worts Gewicht,
Einmal sacht eine Prise greifet,
Vom Docht den roten Butzen streifet;
Auch dann und wann zieht er vor sich
Ein Sprüchlein an vernehmentlich,
So ich mit vorgerecktem Kopf
Begierlich bringe gleich zu Kropf.
Gemachsam kämen wir also
Bis Anfang Applicatio.

Indes der Wächter elfe schreit.
Mein Herr denkt: Es ist Schlafenszeit,
Ruckt seinen Stuhl und nimmt das Licht. –
»Gut' Nacht, Herr Pfarr!« – Er hört es nicht.

Im Finstern wär' ich denn allein;
Das ist mir eben keine Pein.
Ich hör' in der Registratur
Erst eine Weil' die Totenuhr,
Lache den Marder heimlich aus,
Der scharrt sich müd' am Hühnerhaus;
Windweben um das Dächlein stieben;
Ich höre, wie im Wald da drüben –
Man heißet es im Vogeltrost –
Der grimmig' Winter sich erbost,
Ein Eichlein spalt't jähling mit Knallen,
Eine Buche, daß die Täler schallen. –
Du meine Güt', da lobt man sich
So frommen Ofen dankbarlich!
Er wärmelt halt die Nacht so hin,
Es ist ein wahrer Segen drin. –
Jetzt, denk' ich, sind wohl hie und dort
Spitzbuben aus auf Raub und Mord,
Denk', was eine schöne Sach' es ist,
Brave Schloß und Riegel zu jeder Frist,
Was ich wollt' machen herentgegen,
Wenn ich eine Leiter hört' anlegen,
Und sonst was so Gedanken sind:
Ein warmes Schweißlein mir entrinnt.
Um zwei, gottlob! und um die drei
Glänzet empor ein Hahnenschrei,

Um fünfe mit der Morgenglocken
Mein Herz sich hebet unerschrocken,
Ja voller Freuden auf es springt,
Als der Wächter endlich singt:
»Wohlauf, im Namen Jesu Christ!
Der helle Tag erschienen ist.«

Ein Stündlein drauf, wenn mir die Sporen
Bereits ein wenig steifgefroren,
Rasselt die Lis' im Ofen, brummt,
Bis 's Feuer angeht, saust und summt.
Dann von der Küch' 'rauf, gar nicht übel,
Die Supp' ich wittre, Schmalz und Zwiebel.
Endlich, gewaschen und geklärt,
Mein Herr sich frisch zur Arbeit kehrt.
Am Samstag muß ein Pfarrer fein
Daheim in seiner Klause sein,
Nicht visiteln, herumkutschieren,
Seine Faß einbrennen, sonst hantieren.
Meiner hat selten solch Gelust.
Einmal – ihr sagt's nicht weiter just –
Zimmert' er den ganzen Nachmittag
Dem Fritz an einem Meisenschlag
Dort an dem Tisch und schwatzt' und schmaucht';
Mich alten Tropf kurzweilt' es auch.

Jetzt ist der liebe Sonntag da,
Es läut' zur Kirchen fern und nah.
Man orgelt schon: mir wird dabei,
Als säß' ich in der Sakristei.
Es ist kein Mensch im ganzen Haus;

Ein Mücklein hör' ich, eine Maus.
Die Sonne sich ins Fenster schleicht,
Zwischen die Kaktusstöck' hinstreicht
Zum kleinen Pult von Nußbaumholz,
Eines alten Schreinermeisters Stolz,
Beschaut sich, was da liegt umher,
Konkordanz und Kinderlehr',
Oblatenschachtel, Amtssigill,
Im Tintenfaß sich spiegeln will,
Zuteuerst Sand und Grus besicht,
Sich an dem Federmesser sticht
Und gleitet übern Armstuhl frank
Hinüber an den Bücherschrank.
Da stehn in Pergament und Leder
Vornan die frommen Schwabenväter:
Andreä, Bengel, Rieger zween
Samt Ötinger sind da zu sehn.

Wie sie die goldnen Namen liest,
Noch goldener ihr Mund sie küßt,
Wie sie rührt an Hillers Harfenspiel –
Horch! klingt es nicht? so fehlt nicht viel.
Inmittelst läuft ein Spinnlein zart
An mir hinauf nach seiner Art
Und hängt sein Netz, ohn' erst zu fragen,
Mir zwischen Schnabel auf und Kragen.
Ich rühr' mich nicht aus meiner Ruh',
Schau' ihm eine ganze Weile zu;
Darüber ist es wohl geglückt,
Daß ich ein wenig eingenickt. –
Nun sagt, ob es in Dorf und Stadt
Ein alter Kirchhahn besser hat?

Ein Wunsch im stillen dann und wann
Kommt einen freilich wohl noch an.
Im Sommer stünd' ich gern da draus
Bisweilen auf dem Taubenhaus,
Wo dicht dabei der Garten blüht,
Man auch ein Stück vom Flecken sieht.
Dann in der schönen Winterzeit,
Als zum Exempel eben heut –
Ich sag' es grad' – da haben wir
Gar einen wackern Schlitten hier,
Grün, gelb und schwarz; er ward verwichen
Erst wieder sauber angestrichen:
Vorn auf dem Bogen brüstet sich
Ein fremder Vogel hoffärtig;
Wenn man mich etwas putzen wollt',
Nicht, daß es drum viel kosten sollt',

Ich stünd' so gut dort als wie der
Und machet niemand nicht Unehr'! –
Narr! denk' ich wieder, du hast dein Teil!
Willst du noch jetzo werden geil?
Mich wundert, ob dir nicht gefiel,
Daß man, der Welt zum Spott und Ziel,
Deinen warmen Ofen gar zuletzt
Mitsamt dir auf die Läufe setzt',
Daß auf dem G'sims da um dich säß'
Mann, Weib und Kind, der ganze Käs'.
Du alter Scherb, schämst du dich nicht,
Auf Eitelkeit zu sein erpicht?
Geh' in dich, nimm dein Ende wahr!
Wirst nicht noch einmal hundert Jahr'.

An Wilhelm Hartlaub

Durchs Fenster schien der helle Mond herein:
Du saßest am Klavier im Dämmerschein,
Versankst im Traumgewühl der Melodien,
Ich folgte dir an schwarzen Gründen hin,
Wo der Gesang versteckter Quellen klang
Gleich Kinderstimmen, die der Wind verschlang.
Doch plötzlich war dein Spiel wie umgewandt,
Nur blauer Himmel schien noch ausgespannt,
Ein jeder Ton ein lang' gehaltnes Schweigen.
Da fing das Firmament sich an zu neigen,
Und jäh daran herab der Sterne selig Heer
Glitt rieselnd in ein goldig Nebelmeer,
Bis Tropf' um Tropfen hell darin zerging,
Die alte Nacht den öden Raum umfing.

Und als du neu ein fröhlich Leben wecktest,
Die Finsternis mit jungem Lichte schrecktest,
War ich schon weit hinweg mit Sinn und Ohr;
Zuletzt warst du es selbst, in den ich mich verlor.
Mein Herz durchzückt' mit eins ein Freudenstrahl:
Dein ganzer Wert erschien mir auf einmal.
So wunderbar empfand ich es, so neu,
Daß noch bestehe Freundeslieb' und Treu',
Daß uns so sichrer Gegenwart Genuß
Zusammenhält in Lebensüberfluß!

Ich sah dein hingesenktes Angesicht
Im Schatten halb und halb im klaren Licht;
Du ahntest nicht, wie mir der Busen schwoll,
Wie mir das Auge brennend überquoll.
Du endigtest; ich schwieg. – Ach, warum ist doch eben
Dem höchsten Glück kein Laut des Danks gegeben?

Da tritt dein Töchterchen mit Licht herein:
Ein ländlich Mahl versammelt groß und klein,
Vom nahen Kirchturm schallt das Nachtgeläut,
Verklingend so des Tages Lieblichkeit.

Auf einen Kirchturm

Ein Glockentonmeer wallet
Zu Füßen uns und hallet
Weit über Stadt und Land.
So laut die Wellen schlagen,
Wir fühlen mit Behagen
Uns hoch zu Schiff getragen
Und blicken schwindelnd von dem Rand.

Zur Warnung

Einmal nach einer lustigen Nacht
War ich am Morgen seltsam aufgewacht:
Durst, Wasserscheu, ungleich Geblüt,
Dabei gerührt und weichlich im Gemüt,
Beinah' poetisch; ja, ich bat die Muse um ein Lied.
Sie, mit verstelltem Pathos, spottet' mein,
Gab mir den schnöden Bafel ein:

> »Es schlagt eine Nachtigall
> Am Wasserfall
> Und ein Vogel ebenfalls,
> Der schreibt sich Wendehals,
> Johann Jakob Wendehals;
> Der tut tanzen
> Bei den Pflanzen
> Obbemeld'ten Wasserfalls –«

So ging es fort; mir wurde immer bänger.
Jetzt sprang ich auf: zum Wein! Der war denn auch
[mein Retter. –
Merkt's euch, ihr tränenreichen Sänger:
Im Katzenjammer ruft man keine Götter!

Nachts

Horch! auf der Erde feuchtem Grund gelegen,
Arbeitet schwer die Nacht der Dämmerung entgegen,
Indessen dort, in blauer Luft gezogen,
Die Fäden leicht, unhörbar fließen, –
Und hin und wieder mit gestähltem Bogen
Die lust'gen Sterne goldne Pfeile schießen.

Im Erdenschoß, im Hain und auf der Flur,
Wie wühlt es jetzo rings in der Natur
Von nimmersatter Kräfte Gärung!
Und welche Ruhe doch und welch ein Wohlbedacht!
Mir aber in geheimer Brust erwacht
Ein peinlich Widerspiel von Fülle und Entbehrung
Vor diesem Bild, so schweigend und so groß.
Mein Herz, wie gerne machtest du dich los!
Du schwankendes, dem jeder Halt gebricht,
Willst, kaum entflohn, zurück zu deinesgleichen.
Trägst du der Schönheit Götterstille nicht,
So beuge dich! denn hier ist kein Entweichen.

HERMANN HESSE
ÜBER
EDUARD MÖRIKE
(1904–1961)

*Zum achten September**

Nun ist auch Eduard Mörike hundert Jahre alt! Und in den letzten zehn Jahren erst ist er »weiteren Kreisen« bekannt geworden. Eifrige Bewunderer haben für ihn Propaganda gemacht, und das Beste taten die Melodien Hugo Wolfs, die Mörike in tausend Häuser und Herzen trugen. Nebenher hörte man gelegentlich den Vorwurf, der lange mißkannte Dichter habe eben das Pech gehabt, ein Schwabe zu sein, und man sehe wieder einmal, was die Schwaben für ihre Dichter tun.

Ich weiß aber in Schwaben eine Menge von Studierstuben, Pfarrhäusern, Schulhäusern, sogar Beamtenkanzleien, wo Mörikes Dichtungen seit vielen Jahrzehnten in alten zerlesenen Ausgaben am Ehrenplatz des Bücherschranks stehen. Freilich haben alle diese treuen Leser keinen Drang verspürt, in Reden und Artikeln ihren Liebling weiter zu empfehlen. Und ich selber, der ich ihn fast von klein auf kenne und lieb habe, tat es auch nie – freilich waren zu meinen Zeiten schon

* Zum 8. 9. 1904, dem 100. Geburtstag Eduard Mörikes.

Mörike 1874, Gemälde von Luise Walther.

unsere norddeutschen Brüder hinter dem Dichter her. Wir Schwaben schämen uns stets ein wenig, von dem zu reden, was wir besonders teuer halten, und wir haben gerade bei Mörike noch einen gewissen Trotz und Stolz und meinen, er könne anderswo als daheim doch nicht so ganz verstanden und genossen werden. Und wirklich ist vieles in seinen Dichtungen, dessen süßesten Kern nur Landsleute mit vollem Verständnis kosten können, so eng und lebendig hängt es mit den untersten Wurzeln des schwäbischen Volkstums zusammen.

Vielleicht ist Mörike aber auch in Schwaben deshalb unterschätzt worden, weil man dort sich mit zu einseitigem Behagen an dieses Volkstümliche hielt. Seine schönsten Lieder namentlich sind eigentlich wenig schwäbisch. – Nun, er ist jetzt nahe daran, als Klassiker zum deutschen Nationalgut gezählt zu werden; man kennt ihn nun längst weit über seine Heimat hinaus, und er hätte den Weg zum Ruhm auch ganz allein gefunden, wennschon langsamer. Bald werden nun auch wohlfeilere Ausgaben seiner Werke zu haben sein, und damit wird ihm, was ihm etwa an Popularität noch fehlt, schnell zuteil werden.

Wer Mörike nur flüchtig kennt, mag ihn vielleicht überaus zierlich, delikat und schalkhaft finden. Fast alles von ihm ist in einen Duft von Grazie gehüllt, und man kann ihn eine ganze Weile mit rein formalem Wohlgefallen und mit befriedigtem Genießerlächeln lesen, bis plötzlich die zarte Decke bricht und Abgründe sich auftun, bei deren Anblick man erstaunt und fast erschrickt. Es gibt wenige Dichter, vielleicht überhaupt wenige Menschen, die so beängstigend nahe am Herzen alles Lebens gewohnt haben, Erdkräfte und gärende Schicksale mit so feinen Nerven gefühlt und belauscht haben, wie dieser unscheinbare schwäbische Pfarrer. Ihm war die alte Sehergabe geschenkt, im Betrachten eines Vogelflugs und im Horchen auf einen leisen Frühlingsnachtwind die Stimme Gottes zu vernehmen, kommende Unwetter früh vorauszufühlen und in Entzücken und Grauen den Geheimnissen der Schöpfung beizuwohnen. Natur und Schicksal belauscht er mit beklommener Ehrfurcht an der Arbeit, und was er selber schafft, ist nie gemacht und gewollt, sondern scheint wie aus jungen Quellen unmittelbar aus der schöpferischen Erde zu rinnen.

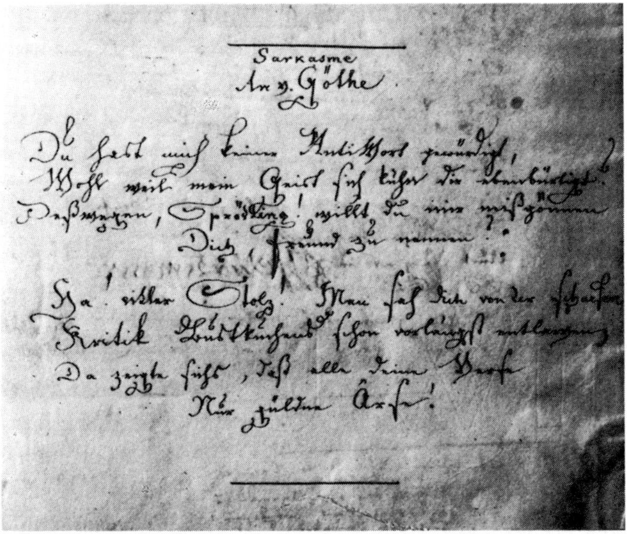

Aus dem Manuskript von Mörikes »Sommersprossen«.

Sarkasme
An v. Göthe

Du hast mich keiner AntiWort gewürdigt,
Wohl weil mein Geist sich kühn dir ebenbürtigt?
Deßwegen, Sprödling! willst du mir mißgönnen
Dich Freund zu nennen?

Ha! eitler Stolz! Man sah dich von der scharfen
Kritik Bustkuchens schon vorlängst entlarven;
Da zeigte sichs, daß alle deine Verse
Nur güldne Ärse!

Eduard Mörike, 1864.

Aber er hatte auch die Gabe, daß ihm jede Inspiration in schöner adliger Form über die Lippen trat, und er hatte die Bescheidenheit und den Fleiß, das Plötzliche und Fragmentarische der Empfängnis, ohne seine Frische zu schädigen, reifen zu lassen und, mit allem Schmuck einer gründlichen Sprachkünstlerschaft umgeben, zu schönen vollkommenen Werken auszubauen. So hat er verhältnismäßig wenig geschrieben, aber alles ist fertig, vollendet, untadelig, und beim Lesen fühlt man neben dem Erstaunen über die Tiefe seiner Eingebungen beständig eine stille beruhigende Freude über die klare Besonnenheit seiner Kunst. Dieselbe Kunst hat er auch an hundert Bagatellen, Gelegenheitsverse und dergleichen, verschwendet; er gab nichts aus den Händen, was nicht bis auf die Handschrift hinaus schön und fertig und erfreulich war.

Es scheint zwischen der unmittelbaren Genialität des Fühlens und Erfindens und der fast peinlichen Sauberkeit des Ausführens ein Widerspruch zu bestehen. Doch liegt die Erklärung nahe. Mörike war ein ganz außerordentlich sensibler Mensch, überempfindlich für Töne, Düfte, Farben; ihm wurden winzige Erlebnisse zu Offenbarungen und heftigen Erschütterungen. So kam es, daß er, statt wie manche Ärmere nach Eindrücken zu jagen, vielmehr unter der Wucht der Eindrücke litt und sich oft vor ihnen zu flüchten suchte, wie er denn auch Zeiten der Menschenscheu hatte. Da fand er denn als beste und tröstlichste Zuflucht die künstlerische Arbeit und ruhte darin aus, daß er ein Bild, einen Einfall, einen Scherz mit unendlicher Sorgfalt ausführte und aufatmend etwas von der idyllischen Befriedigung eines Miniaturmalers in dieser Arbeit fand.

Der schwäbische Pfarrer und Dichter, der so köstliche Witze und so zierliche Verse machen konnte, hatte viele, viele Stunden und Tage tiefer Traurigkeit, wo er wie ein Verwundeter beiseite ging und jeder Ton und Ruf aus der Menschenwelt ihm weh tat. Doch fehlte ihm auch da, wo selbst die Kunst ihn nicht zu heilen vermochte, ein Tröster nicht. Er trug, obwohl er keineswegs zu den »frommen Pfarrern« zählte, ein unzerstörbares Gefühl der Gottesnähe in sich. Da er in keiner Liebe und Freundschaft die Gewähr des Ewigen und jene in sich ruhende Genüge fand, nach der alle Menschensehnsucht dürstet, erlebte er sein wundervolles Lied:

Neue Liebe
Kann auch ein Mensch des andern auf der Erde
Ganz, wie er möchte, sein?
– In langer Nacht bedacht ich mir's und mußte sagen: nein!

So kann ich niemands heißen auf der Erde,
Und niemand wäre mein?
– Aus Finsternissen hell in mir aufzückt ein Freudenschein:

Sollt ich mit Gott nicht können sein,
So wie ich möchte, Mein und Dein?
Was hielte mich, daß ich's nicht heute werde?

Ein süßes Schrecken geht durch mein Gebein!
Mich wundert, daß es mir ein Wunder wollte sein,
Gott selbst zu eigen haben auf der Erde!

(Aus »Die Rheinlande«, Düsseldorf, August 1904)

Wir haben heute Dutzende von Dichtern, deren Kapital ihre Nervosität ist und die sich womöglich zu einem immer nuancierteren Sehen und Erleben erziehen, das sie dann in delikaten kleinen Portionen als Gedichte, Skizzen, Fragmente, Stimmungen darbieten. Die eigentlich künstlerische Leistung dabei ist aber nicht der Rede wert. Diese Talente könnten viel von Mörike lernen. Seine Empfänglichkeit für feine Reize war reichlich so stark wie bei irgendeinem dieser Neueren, seine Gabe zum Beobachter (auch Selbstbeobachter) und zum Improvisator nicht minder. Aber er verlor sich nicht in Skizzenmachen, sondern rang sich immer wieder zu Zeiten der Ruhe durch, ließ reif werden, hatte Geduld, und dann arbeitete er alles, selbst Bagatellen, mit gewissenhaftester Sorgfalt ins Ganze, Runde, Vollendete. Und nun wirken alle jene momentanen Eindrücke und Einfälle rein und erquickend als Schmuck eines fertigen Ganzen. [...]

Einigemal scheint es, als habe dem Dichter plötzlich vor dem eigenen Seherblick gegraut, oder als habe er schauernd gefühlt, daß die Hand eines Fremden, Größeren mit am Werke schaffe. Dann leitet er erschrocken ins Ruhige, Maßvolle über und versucht ein Lächeln – fast als bäte er bescheiden und verlegen um Verzeihung.

Dann wieder gibt er einen Reichtum von Gedanken und Schönheit an ein liebenswürdiges Gelegenheitsverschen weg, sucht mit Innigkeit die warme Enge freundschaftlicher und verwandtschaftlicher Vertraulichkeit auf und scheint in freundnachbarlicher Hingabe und Teilnahme aufzugehen, froh, den Geistern

Mörike im Juni 1885.

der Tiefe für eine Zeit entronnen zu sein. Er zeichnet, sammelt Steine, macht Scherzgedichte, erfindet prachtvoll drollige Ulknamen, übt Kalligraphenkünste, genießt sein starkes mimisches Talent. Bis ihn die Woge wieder streift, erfaßt und ins Unergründliche hinweg zieht.

Das ist nicht der wohlwollend fröhliche, gern scherzende Pfarrer vom Lande, mit dem man gern einen Schoppen trinkt und einen Spaziergang durchs Obstgelände macht. (So stellen sich manche ihn vor.) Das ist vielmehr ein überzarter, erregbarer Mensch mit einem tiefen, verzehrenden Gefühl für alles Unbegreifliche des Lebens, an dessen Seele das heilige Ungenügen zehrt. Und aus zwingendem Bedürfnis seines Gewissens erzieht er sich unter Kampf und Leiden zum Manne und zum Künstler, niemals seinem Talent rücksichtslos vertrauend, sondern streng gegen sich und in beständigem Entbehren. Er lernt seine innere Fülle ordnend beherrschen, lernt das Einzelne dem Ganzen opfern und ohne Schaden für den Gehalt die Form besonnen pflegen. Dabei hat seine fast übertriebene Bescheidenheit eine ganz hinreißende, ewig junge Anmut ohnegleichen.

Aber wesentliche Bedürfnisse lassen sich nicht umbringen, und das, wonach eine Seele hungert, muß sie sich auf irgendeine Weise schaffen. Und so erbaut sich Mörike – anfänglich in ahnungsvollem Spiel, dann immer bewußter – zwischen seiner Tageswelt, die ihm nicht genügt, und dem geheimnisvollen Land der unerforschlichen Mächte, denen völlig zu gehören er nicht über sich vermag, eine dritte Welt, einen lichten, phantastischen Raum, ein köstliches Nirgendwo, in dem er zu Hause ist und, aller Schwere entbunden, mühelose, schöne, beglückende Flüge tut. [...]

Und dann wurde dem Seligen noch eine seltene, wunderbare Gunst der Götter zuteil. Ein großer Träumer und Künstler von verwandter Seele fand seine Lieder, wurde reich an ihnen und schuf sie neu, dichtete sie in Tönen noch einmal und trug sie in tausend Herzen, denen sie vielleicht fremd geblieben wären: Hugo Wolf. Das ist nicht glücklicher Zufall. Es ist nur ein neuer Beweis für die alte Wahrheit, daß kein Wert und Leben sterben kann. Die großen Gedanken der Weisen und Propheten haben den Ton, den Stein, die Metalle,

Hugo Wolf, 29jährig, zur Entstehungszeit seiner Mörike-Kompositionen.

die Farben beseelt, haben Maler, Baumeister und Musiker genötigt, sie weiterzutragen und immer wieder zu verkünden. Warum sollten nicht auch diese Lieder, die zum Edelsten und Süßesten gehören, das wir haben, das verwandte Genie finden und nötigen, sie noch süßer, sehnlicher und herzbewegender in die Welt zu rufen?

(Aus H. Hesse, »Eduard Mörike. Zu seinem 100. Geburtstag am 8. 9. 1904« in »Neue Freie Presse«, Wien vom 8. 9. 1904)

In unserer Tübinger Zeit kam es noch zuweilen vor, daß ein Student am Essen sparte oder auf eine Ferienreise verzichtete, um sich die Werke Mörikes kaufen zu können, und mancher schrieb sich wenigstens eine Auswahl seiner Gedichte in ein Heftlein ab, um doch einen »eigenen Mörike« zu besitzen. Ich habe den Tag nicht vergessen, an dem ich damals die Summe, mit der ich eine drängende Rechnung hätte bezahlen sollen, für die vier rotleinenen Mörikebände hingab. Sie standen am Ehrenplatz meines Stehpultes und galten mir und meinen Freunden als ein Schatz und Kleinod, und nie ist einer der Bände staubig geworden. Seither ist meine Büchersammlung groß geworden und nimmt ein paar Wände ein, aber etwas Teueres und Köstlicheres als jener mit schlechtem Gewissen »ersparte« Mörike ist nicht darunter.

Jetzt kann jeder Student und jeder Bücherleser seinen eigenen Mörike haben, er ist billig geworden und wird bald in vielen Häusern stehen, die seiner nicht wert sind und ihn ungelesen neben den anderen »Klassikern« auf dem Paradebrett stehen lassen. Aber er wird jetzt auch in arme Wohnungen, in Werkstätten, Mansardenstuben, Landbibliotheken, kahle Lehrerzimmer kommen, wo man ihn lang erwartete und wo er wieder Tausende beglücken und ergreifen wird.

Bei dieser Gelegenheit ist es vielleicht nicht überflüssig, noch einmal über den Dichter zu reden, wie es vor einem Jahr aus Anlaß der 100jährigen Geburtstagsfeier Mörikes vielfach geschah. Die Artikel von damals sind heute vergessen und doch ist eben jetzt, beim Erscheinen der ersten wohlfeilen Mörikeausgaben, der rechte

Augenblick, wieder einmal nachdrücklich auf den großen Dichter aufmerksam zu machen, dessen Werke doch wohl erst jetzt einer wirklichen Popularität entgegen gehen.

Wer von Eduard Mörike auch nur die kleine Zahl von Gedichten kennt, die in den Anthologien steht und durch Hugo Wolf's Kompositionen jedem Konzertbesucher vertraut ist, der muß darüber erstaunen, wie nahe in diesen Dichtungen sich zwei völlig heterogen scheinende Gefühlswelten berühren: die reine Kinderfreude am Schönen, Zierlichen, Angenehmen in Stoff und Form, und die scheue Weltflucht und in sich selber wühlende Schwermut eines tief Leidenden. Dort der idyllische »Turmhahn« mit dem farbigen Reigen dörflicher Bilder, mit Gemüsgarten und warmer Kachelofenbehaglichkeit, ganz schwäbisch und halb homerisch, und gleich daneben das »Laß, o Welt, o laß mich sein«, die Peregrinalieder, das »Lebewohl«.

Wir finden ganz dieselbe Erscheinung in Mörikes Prosa, und man braucht nur mit dem einmal auf diese Zwiespältigkeit gerichteten Blick des Dichters Leben und seine Briefe (zwei Bände, Verlag O. Elsner, Berlin) zu betrachten, so wird das, was dem Oberflächlichen an Mörike rätselhaft erscheint, gerade zum Wesentlichen, Eigensten seines Charakters. [...]

Wo [die] tief in seinem Wesen wurzelnde Lust am Spiel sich literarisch nicht nur in der Formgebung, sondern im Erfinden äußert, ist Mörike vielleicht am eigenartigsten. Hier wird er zum Romantiker, bläst goldige Seifenblasen in die Lüfte und segelt mit ihnen, für eine kurze Traumdauer der Schwere des Seins entbun-

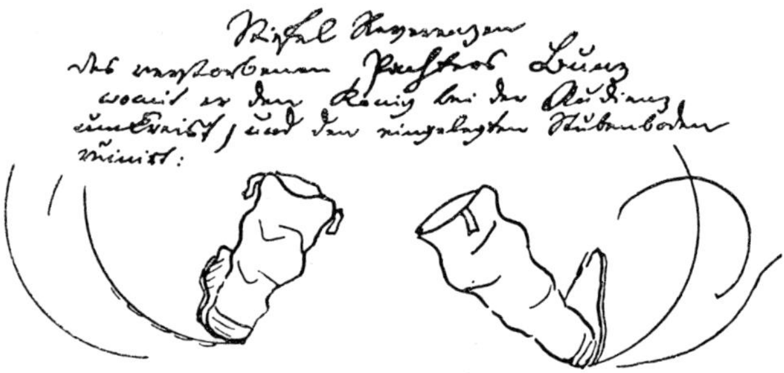

Zeichnung Eduard Mörikes.

den. Hier baut er Orplid auf, die seltsame Fabelinsel im fernen Meer, auf deren unirdischem Raum neben den feierlich mythischen Gestalten des Königs und der Geister die phantastisch-drolligen Zeitgenossen Wispel und Gumprecht ihre Sprünge machen.

Nächst diesen persönlichen Quellen, aus denen Mörikes Werke entstanden, ist es vor allem seine Sprache, die auf uns wirkt. Kein reines Dichterwerk kann entstehen, ohne daß im Kampf um den Ausdruck der Schöpfer sich immer von neuem bemüht, allgemeinverständlich zu sein, ohne doch an Unmittelbarkeit der Wirkung einzubüßen. Auf Kosten der Verständlichkeit und der klaren, eindeutigen Form originell zu sein, wie manche Romantiker es versuchten und wie es heute wieder vielfach Mode ist, das ist nicht Kunst. Brentano, der auf Mörike gewiß Einfluß gehabt hat, litt schwer an diesem Irrtum. Mörike ging von Anfang an andere Wege. Er wollte nie literarisch wirken, sondern künstlerisch; er wollte darstellen und überzeugen, nicht blenden und verblüffen. Als geschulter Humanist, als

Leser und Übersetzer antiker Dichterwerke behielt er stets die absolute Ehrfurcht vor der vollkommenen Form und den instinktiven Abscheu vor dem unfertig Formlosen. So ist fast jeder seiner Verse, ja fast jeder Satz seiner Prosa fertig und sicher, von innen und außen wohlbeschaffen. Im einzelnen Ausdruck aber, in der Wahl der Worte und gelegentlich im Neuschaffen von Worten ist Mörike ein unabhängiger, souveräner Meister. Er schöpft aus dem Schatz der lebendigen Volkssprache und ist nicht ängstlich im Verwenden von Dialektworten oder schlichten Neubildungen, aber er verzichtet auf alle krampfhaften Versuche, originell und »eigen« zu sein. Überall ist ihm lautere Anschaulichkeit das erste Bedürfnis, und er erreicht sie überall. So malt er einen Septembermorgen:

Im Nebel ruhet noch die Welt,
Noch träumen Wald und Wiesen:
Bald siehst du, wenn der Schleier fällt,
Den blauen Himmel unverstellt,
Herbstkräftig die gedämpfte Welt
In warmem Golde fließen.

In allem, was irgend zur künstlerischen Arbeit gehört, zeigt Mörike eine Gewissenhaftigkeit, Geduld und Sorgfalt wie nur wenige neuere Dichter. Er ließ sich Zeit. Und er hat in einem siebzigjährigen Leben vier Bände voll geschrieben, nicht mehr.

Es wird von jetzt an, da der Preis kein Hindernis mehr ist, eine Schande sein, diese vier Bände nicht zu besitzen. Sie werden im Salon neben dem Lessing und Schiller und Goethe liegen, und es wird niemand mehr

Zeichnung Eduard Mörikes.

ein Semester lang sparen, um sie kaufen zu können, oder nächtelang bei der Lampe sitzen, um einen Teil davon für sich abzuschreiben. Aber es werden immer wieder junge Augen brennen und alte Augen glücklich lächeln über diesen Zauberblättern, frohe und traurige Menschen werden sie lesen und werden ihr Leben lang die Stunden segnen, in denen sie es getan haben. Und wenn ganze Reihen von Dichterromanen, denen eine Mode Glanz und Klang verlieh, wieder verklungen und vergessen sind, wird der bescheidene alte Schwabe noch leben und wird sein Werk denselben tiefen, lauteren Goldglanz haben, der uns Heutige verführt, beschämt und beglückt.

(Aus der »Münchner Zeitung«, Kulturbeilage »Die Propyläen, 1905)

Mörikes Haushaltungsbuch

Wenn wir von einem geliebten Toten unversehens noch ein Andenken im Hause finden, ein Stück Hausrat oder Kleidung aus seinem Alltagsleben her, da wird uns warm und innig-bang ums Herz; wir sehen den Lieben, Vermißten wieder in der alten, noch unverklärten aber lebendigen Gestalt, hören sein Lachen, atmen seine Nähe. So muß es dem, der Mörike lieb hat, mit »Mörikes Haushaltungsbuch« gehen. Die kleine Publikation, bei Strecker & Schröder in Stuttgart erschienen und von Walther Eggert herausgegeben, bringt – nebst einer kurzen, guten Einleitung – vierunddreißig faksimilierte Seiten aus Mörikes Haushaltungsbuch von 1843–47. Wer Lust dazu hat, kann dem Dichter nachrechnen, wieviel Wecken er gegessen und wieviel Almosen er gegeben hat, und er wird finden, daß Einnahmen und Ausgaben sich in rührend kleinen Zahlen bewegen. Doch das ist nebensächlich. Außer den gewissenhaft notierten Tagesausgaben enthalten die Blätter gar viel Feines und Lustiges, sie sind von des Dichters Hand mit Zeichnungen, Späßen, intimen Notizen bedeckt, ein kleiner goldener Schatz von Humor, Poesie und lauterer Herzenseinfalt, an dem jeder feine und verständige Mensch Freude haben muß. »Verständig« meine ich freilich nicht im Sinn des bürgerlich-geschäftlichen Vernünftigseins, sondern ich nenne verständig den, der verstehen kann, der zarte Organe für das Besondere einer Persönlichkeit hat. Für einen solchen Betrachter öffnet das Haushaltungsbüchlein wunderlich liebe Blicke in Stube, Haus und Alltagsle-

Mergentheim 1846.

Monat.	Tag.		Einnahme.		Ausgabe	
Februar	22	Brod				11
		Löffelstengel				15
	23	Weck				4
	24	Weck				4
		Brod				11
	25	Weck				4
	26	Weck				6
		Salat				1
		Essig und Öhl				2
		Wurst				3
	27	Weck				5
		Wurst				3
		Brod				11
		Almosen				3
		15 fl Zinngeschirr	6	30		
	28	Weck			1	23
					7	29½
					6	15½
			6 f	30 x	15 f	8 x
März	1	Weck				4
		Abendessen, Wachbach				36
	2	Weck				7
		Milch				1
		Perlmutterknöpfchen				4
		Band u. Nähnadeln				2
		Geschirr				14
		Brod				11
		Zünglein				1
		Mandelseife				7
		Rosenseife				4
		blecherne Waschschüssel				24
		rosa Bändchen				2
		Husten [illegible]				2
	3	Weck				4
		Futterzeug				9
		[illegible]				6
		Camillen				1
	4	Weck				5
		Wurst				3
		Brod				11
					2 f	38 x

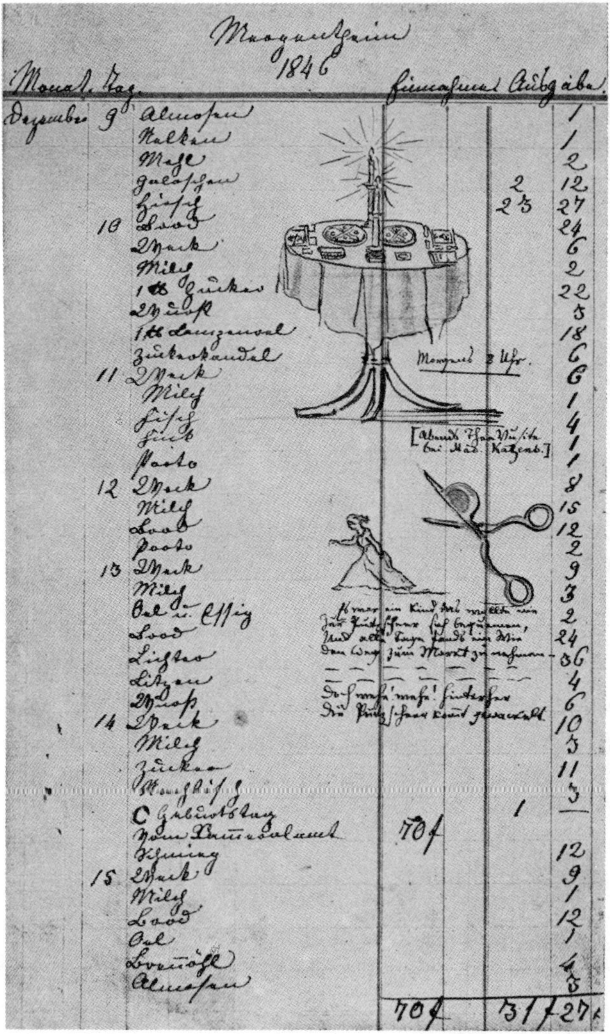

Mannheim
1846

Monat.	Tag.		Einnahme	Ausgabe	
Dezember	9	Almosen			1
		Nähkorn			1
		Wäsche			2
		Galoschen		2	12
		Fische		2 3	27
	10	Brod			24
		Zwieback			6
		Milch			2
		1 ℔ Zucker			22
		Gemüse			3
		1 ℔ Lanzenmehl			18
		Zuckerkandel			6
	11	Zwieback			6
		Milch			1
		Fische			4
		Hut			1
		Porto			1
	12	Zwieback			8
		Milch			15
		Brod			12
		Porto			2
	13	Zwieback			9
		Milch			3
		Oel u. Essig			2
		Brod			24
		Lichter			36
		Litzen			4
		Gemüse			6
	14	Zwieback			10
		Milch			3
		Zucker			11
		Waschtisch			3
		C Geburtstag		1	—
		vom Brunnenlaub	70 f		
		Heizung			12
	15	Zwieback			9
		Milch			1
		Brod			12
		Oel			1
		Bratwürste			4
		Almosen			3
			70 f	3 1 f	27 k

Zeichnung Eduard Mörikes.

ben des Dichters, in Sorgen und Freuden, in bange Tage und in warme, ergötzlich verbrachte Feierabendstunden.

Wer die Bilder von Schwind zu genießen versteht, wer die Orthographie der Frau Rat Goethe lieb hat, wer Mörikes Hutzelmännlein im Kern kapiert hat, dem wird das liebe kleine Büchlein bald teuer werden.
(Aus »Neue Zürcher Zeitung« vom 11. 7. 1907)

Der gute Eduard Mörike hat im ganzen an seinen Publikationen wenig Freude erlebt. Abgesehen von Schwinds Zeichnungen zur »schönen Lau« wurde er von den Künstlern übersehen, und er, der ein Kalligraph und Verehrer des reizvoll Schönen war, der selbst zeichnete und für tausend Gelegenheiten zierlich saubere Blättchen herstellte, hat seine Bücher nie schön gedruckt gesehen. Bis vor drei Jahren gab es nur eine einzige Ausgabe seiner Schriften*, und die war weder schön noch billig, sondern unnötig teuer und dabei gering ausgestattet. Auch beim lang ersehnten Freiwerden Mörikes hat sein Verleger die Gelegenheit verpaßt, und zwar eine billigere »Volksausgabe« gemacht, sie aber wieder so mäßig ausgestattet, daß man wenig Freude an ihr hatte. Nun regnete es billige Neuausgaben von allen Seiten. Es war für Tausende ein Ereignis, daß sie sich nun einen Mörike kaufen konnten, denn der frühere Preis von zwanzig Mark für vier mäßige Bände war für die meisten wirklich unerschwinglich gewesen. Die beste, weitaus wertvollste und wohlfeilste Ausgabe brachte Max Hesse in Leipzig, dessen billige Klassikerausgaben zur Zeit in Deutschland unerreicht sind.**

Aber nun schien es mit Mörike zu gehen wie mit so vielen »Klassikern«. Man konnte ihn billig haben, aber man konnte ihn nicht schön haben. Denn so gut auch

* Gesammelte Schriften in 4 Bänden, Göschen, 1878.

** Sämtliche Werke in 6 Bänden. Herausgegeben von Rudolf Krauß, Verlag Max Hesse, Leipzig, 1905.

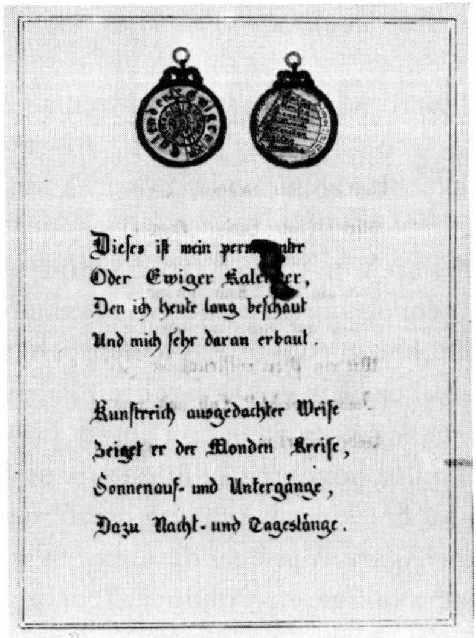

Kalendergedicht und Zeichnung von Eduard Mörike.

die Hessesche Ausgabe gedruckt ist, sie mußte, um den niederen Preis zu ermöglichen, sämtliche Werke samt Einleitung und neu hinzugekommenem Material in zwei dicke Bände pressen. Eine für empfindlichere Liebhaber und für Schenkungen genügend wohlausgestattete Ausgabe fehlte. Es steht ja mit manchen anderen großen Dichtern ähnlich: man kann sie fast geschenkt in jedem Laden bekommen, aber sieht man sich nach hübschen Drucken und Bänden um, so gibt es keine, während mit neuesten Erscheinungen oft ein mächtiger Luxus getrieben wird. Man könnte daraus ganz direkt schließen, daß die reichen Bücherkäufer in Deutschland nur Novitäten lesen, also etwas von Par-

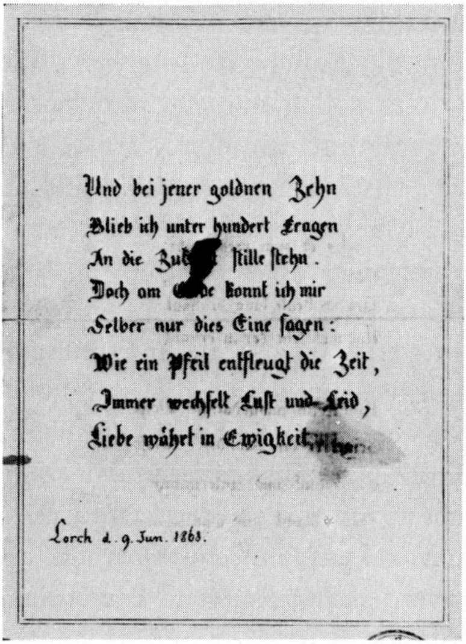
Und bei jener goldnen Zehn
Blieb ich unter hundert Fragen
An die Zuk[illegible] stille stehn.
Doch am [illegible]e konnt ich mir
Selber nur dies Eine sagen:
Wie ein Pfeil entfleugt die Zeit,
Immer wechselt Lust und Leid,
Liebe währt in Ewigkeit.

Lorch d. 9. Jun. 1863.

venüs an sich haben. Hier hat Diederichs mit seinem Hölderlin und der Inselverlag mit manchen Neudrukken Verdienstliches geleistet. Und jetzt kommt auch der schöne Mörike (vom Kunstwart besorgt, bei Callwey in München). Er ist teuer, der vorliegende erste Band kostet gebunden sechs Mark, und es sollen sechs Bände werden. Aber Material und Druck sind vorzüglich, und die Einbände sind gutes, schönes Pergament. Man kann seine Freude daran haben. Und warum sollen, wenn anders einige Kultur bei uns vorhanden ist, wohlhabende Leute für einen vollständigen und schönen Mörike nicht ebensoviel Geld ausgeben wie für die Gespräche des Aretin oder die cent nouvelles novelles?

Der Kunstwart-Mörike erweckt aber nicht nur durch seine noble Außenseite Interesse. Wie das Vorwort verspricht, sollen manche unbekannte, nie gedruckte Stücke aufgenommen werden, so daß diese Ausgabe die vollständigste sein wird. Noch wichtiger ist, daß der »Maler Nolten« in neuer Redaktion gebracht werden soll. Bekanntlich war der »Nolten«, dessen erste Ausgabe unauftreibbar geworden zu sein scheint, bisher stets wieder in der Fassung abgedruckt worden, die ihm seinerzeit Klaiber gegeben hat und die nicht frei von Gewaltsamkeiten ist. Die neue Redaktion soll auf Grund des Manuskriptes und der eigenen Notizen des Dichters mit diskreterer, knapperer Überbrükkung der in Mörikes Handschrift vorhandenen Lücken hergestellt werden. Mörikefreunde werden darauf mit starker Spannung warten.

Der fertige erste Band erweckt schöne Hoffnungen. Wenn das Werk vollendet vorliegen wird, soll es nochmals und eingehender besprochen werden.

(Aus »März«, München vom März 1907)

Die Mörike-Zeichnung aus Hesses Besitz.

Das reichste Dichterleben hatte Mörike. Kein andrer großer Dichter hat so fortwährend gedichtet, jeden Augenblick beinahe, immerfort erfunden, immerfort erzählt, geformt, geschaffen. Und da wundert man sich, daß er in siebzig Jahren nur vier Bände voll geschrieben hat.

Ich erwarb eine Handzeichnung und ein Autograph von Morike, dessen Leuchter ich allabendlich am Bett habe. Oft tut Mörike mir bitter leid mit seiner einsamen Sensibilität, woneben auch Storm noch robust ist; aber so viel Kindheit, Anmut, inniger Scherz, Schnurrpfeiferei haben sonst doch nur glückliche Naturen.
(Aus Tagebuchnotizen, 1907)

Der Leuchter Eduard Mörikes aus Hesses Besitz.

Es gibt keinen Dichter, der mir im Herzen so nahe steht wie Ihr Vater, und alles, was von ihm stammt, ist mir teuer. Erst vorigen Monat habe ich den Maler Nolten und »Mozart auf der Reise nach Prag« wieder gelesen. Darum bin ich auch über die Zeichnung und das Albumblatt sehr froh. Den Mörike-Leuchter benutze ich jeden Abend, und die Zeichnung will ich rahmen lassen und neben ein kleines Mörike-Bild hängen, das ich seit Jahren habe.
(Aus einem Brief Hermann Hesses von 1907 an Fanny Mörike, die Tochter Eduard Mörikes)

Eine Kritik steht mir nicht zu. Aber vielleicht interessiert es Sie zu hören, daß ich (ein Schwabe, ein Mörikeverehrer und einer, der ihn beinahe allein ganz und gar zu verstehen glaubte) tief erstaunt war zu sehen, wie unheimlich nahe Sie dem Wesen des Dichters gekommen sind, wie tief und fein Sie ihn verstanden haben.* Daneben sind die andern neueren Werke über Mörike (Fischer** etc.) direkt dumm.

Ich schreibe das, weil es Sie vielleicht freut, von einem Nichtwissenschaftler und von einem, der Mörike mit allen Nerven durchdrungen zu haben glaubte, einen Dank zu hören. Eine andere Absicht haben diese Zeilen nicht.

(Aus einem Brief vom 26. 11. 1907 an Harry Maync)

* Harry Maync, »Eduard Mörike. Sein Leben und Dichten«. Stuttgart, Berlin, 1902.

** Karl Fischer, »Eduard Mörikes Leben und Werke«, Berlin, 1901.

Walther Eggert, der früher schon das reizende Mörikesche Haushaltsbüchlein veröffentlichte, hat jetzt Mörikes Brautbriefe herausgegeben (Verlag C. H. Beck, München). Das Buch enthält die Briefe an Luise Rau, die erste Braut des Dichters, und die so viel späteren an seine nachmalige Frau. Was leider fehlt und vermutlich nie vor unsre Augen kommen wird, sind seine Briefe an Peregrina, die rätselhafte Liebe der Tübinger Zeit, von der wir außer wenigen Notizen nichts wissen und der Mörike seine wunderbaren Peregrinalieder gewidmet hat.

Die vorliegende Sammlung zeigt Mörike wieder in seiner liebenswert feinen, innigen Art. Kaum einige Anklänge deuten auf das Schwere in seinem merkwürdigen Leben, das sich in all diesen Briefen weit mehr verbirgt als zeigt. Er verschweigt, und er wußte es wohl selber nicht ganz, wieviel Schatten ihm auf jede Liebe fiel. Peregrina ging verloren, die Verlobung mit Luise Rau wurde schließlich wieder gelöst, und was endlich die Heirat brachte, scheint eben doch ein später Glanz, gemischt mit Resignation. Man hört immer wieder vom behaglichen Mörike reden, und viele dieser Briefe könnten die Legende zur Tat beglaubigen, und doch hat den Nolten und die meisten Mörikegedichte ein Mann geschrieben, der nicht glücklich war. Wohl ist er zu seinem Glück Kind genug gewesen, um immer wieder in befreiten Stunden den Glanz einer reinen Heiterkeit um sich zu verbreiten, aber niemand kann die dunkeln Stunden seines Lebens zählen, in de-

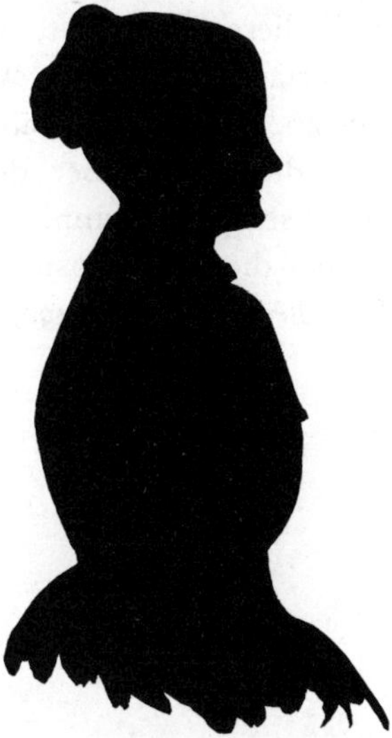

Mörikes Braut Luise Rau.

nen der unglaublich zarte Mensch gelitten und den Becher der Einsamkeit bis zum Grunde geleert hat. Und wenn alles dem widerspräche, so würde sein Gedicht »Laß o Welt, o laß mich sein« und viele andere es unwiderleglich verkünden.

Nun sehen wir in den Brautbriefen diesen Einsamen mit aller Kraft und Innigkeit Liebe suchen und jede Zärtlichkeit mit Dank und Gier sich zu eigen machen, sich zu Vertrauen und Zuversicht überreden und einen Damm gegen die dunkeln Fluten bauen, die er kannte und fürchtete. Wie er an guten Tagen seinen Freunden sich beinahe heftig hingab, so gibt er hier alles, was er zu schenken hat, aus vollen Händen, und wenn jemand von ihm nichts als diese Briefe läse, würde er kaum glauben, daß ihr Verfasser das »Laß o Welt!« geschrieben hat. Er schrieb aber sogar noch während der ersten Verlobung, und an die Braut selber, die Verse:

An deiner Brust! O seliger Gewinn!
Doch wird auch hier die alte Sehnsucht rege.

(Aus »März«, München, Dezember 1907)

Zeichnung und Gedicht aus Mörikes »Lorcher Hausbuch«.

Unter den paar Reliquien, die ich besitze und trotz der Spielerei werthalte, ist auch eine stark abgenützte Gänsekielfeder, die der selige Eduard Mörike mit seiner leichten, geschickten Hand geschnitzt, gespalten und zum Schreiben benützt hat. Der hätte sich niemals eine Schreibmaschine gekauft, auch wenn er das Geld dazu gehabt hätte. Was der in seinem langen, recht müßiggängerischen Leben an Federschnitzeln, Schönschreibkünste, Ostereierbemalen und sonstigen Allotria vergeudet hat, ist nicht auszurechnen. Er hätte mit einem Gran von Ökonomie bequem dreimal soviel schreiben können, und wir wären froh daran. Aber der Faulpelz tat es nicht. Seine Schnurrpfeifereien waren ihm gerade so wichtig wie das Schicksal der deutschen Literatur.
(Aus einem Brief vom Februar 1908 an Jakob Schaffner)

Die von Karl Fischer besorgte große Ausgabe der Werke Mörikes (Verlag Callwey, München) liegt jetzt in sechs Bänden vollständig vor. Für alle, die den hohen Preis nicht zu scheuen brauchen, ist nun also endlich eine schöne, ja köstliche, durchaus befriedigende Ausgabe vorhanden, und wer noch keinen oder nur einen klein gedruckten und unvollständigen Mörike besitzt, braucht nun nicht mehr auf die lang gewünschte gute Ausgabe zu warten.

Am meisten interessiert bei einer Neuausgabe natürlich der »Maler Nolten«. Bekanntlich hat der Dichter lange Jahre damit hingebracht, sein längst vergriffenes Jugendwerk, das er in der alten Gestalt unter keinen Umständen wieder gedruckt wissen wollte, umzuarbeiten, bei dem jahrzehntelangen Intervall eine mühevolle und eigentlich unerquickliche Arbeit, über der Mörike denn auch starb, ohne fertig oder doch ohne befriedigt zu sein. Nach seinem Tode gab sein Freund Klaiber den Nolten heraus*, auf Grund zahlreicher Notizen und Korrekturen von des Dichters Hand, eine fleißige und verdienstliche Leistung, doch leider nicht frei von Willkürlichkeiten, ja Gewalttaten. Wer allzu streng darüber urteilt, den kann man freilich daran erinnern, daß Mörike selber als Herausgeber fremder Werke seinerzeit eine fast unheimliche Harmlosigkeit

* Julius Klaiber (1834–1892), Neffe Wilhelm Hauffs, Gymnasiallehrer in Stuttgart, mit Mörike seit den fünfziger Jahren des 19. Jhs. bekannt. Die von ihm überarbeitete 2. Auflage des »Maler Nolten« erschien 1877 im Göschen Verlag, Stuttgart.

Pfarrhaus und Kirche in Cleversulzbach. Zeitgenössische Lithographie.

gezeigt hat. Seit damals existierte der Nolten nur noch in der Klaiberschen Edition, den Neudruck der ersten Ausgabe hat Mörike verboten. Als nun kürzlich seine Werke frei wurden, begann der Nolten den Herausgebern zu schaffen zu machen. Denn nicht nur verlangten viele eine Revision, sondern die Klaibersche Bearbeitung war auch noch vom Verlagsrecht geschützt. Der Nolten war frei, aber weder der ursprüngliche noch der Klaibersche durfte abgedruckt werden. Fischer ist nun mit großer Sorgfalt zu Werk gegangen und hat einen Text hergestellt, der nur die vom Dichter selbst herrührenden Änderungen und Streichungen berücksichtigt und auf eigene Zutaten gescheiterweise verzichtet. Damit haben wir einen Nolten bekommen, so gut er überhaupt herzustellen war, und wir können damit zufrieden sein. Im übrigen bringt die Ausgabe von Stükken, die in der Originalausgabe fehlten, namentlich die zwei »dramatischen Entwürfe«, die Autobiographie, die Mörike 1834 beim Antritt seines Cleversulzbacher Pfarramts schrieb und von der Kanzel vorlas, die von 1839 stammende Einleitung zu einigen Schillerbriefen und die »Bruchstücke eines religiösen Romans«, die von besonderem Interesse sind.

Daß die Bände groß und schön in wohltuendem Format gedruckt sind, Papier und Einbände von prächtigem Material, freut jeden Mörikeleser, der sich früher über die mäßige Ausstattung seiner Werke geärgert hat. Der liebe, große Dichter kann sich jetzt sehen lassen, und man freut sich, daß gute Papiere und Pergamente doch nicht ganz ausschließlich für die Verse wohlhabender Anfänger und für numerierte Drucke erotischer Kuriosa zu existieren scheinen.

(Aus »März«, München vom Februar 1908)

Noch eine Mörike-Ausgabe

Die Philologen sind ein schnurriges Volk. Sie gehen mit der Mode, die zu machen sie sich einbilden, sie haben in Schulen und Lehrbüchern noch vor weniger als zwanzig Jahren die deutsche Romantik auf das schulmeisterlichste abgekanzelt, der sie nun wieder in Ausgaben, Artikeln, Dissertationen eifrig huldigen. Jetzt sind sie heftig an Mörike. Die Neu-Ausgaben kommen seit einigen Jahren hageldicht, und in allen spielt der Herr Herausgeber mit Eifer seine edle Rolle, vom Titelblatt bis zur Fußnote, und jeder hat den Dichter am frühesten und besten kapiert, und jeder rühmt seine Kennerschaft. Nun, man freute sich für den Dichter und gönnte den Editoren ihre Lorbeeren.

Jetzt kommt derjenige, der schon vor manchen Jahren uns die beste Mörike-Biographie geschrieben hat, Harry Maync, auch noch mit einer dreibändigen Ausgabe (Leipzig, Bibliographisches Institut). Sie sieht, wie es einer deutschen Dichterausgabe zukommt, mit Fußnoten, Vermerken und Kommentaren prächtig gelehrt aus, der Homer in der Schule war nicht so reich gespickt! Und im Vorwort erfahren wir, daß alle jene vielen Mörike-Ausgaben, auf die wir hereingefallen waren, zumeist nur Pfuscherarbeit sind! Bis man aus den Polemiken, Vorworten, Noten, Varianten, Kommentaren endlich die lieben alten Gedichte herausfindet, ist man schon ganz müde und beschämt.

Übrigens hat Maync nicht so ganz unrecht. Wem an einem guten, wirklich treu besorgten Texte liegt, der mag ihn hier finden. Wir Anspruchslosen, die wir uns

Zeichnungen Eduard Mörikes.

nur für die Dichtungen und gar nicht für die unermeßlichen Verdienste der Herren Philologen interessieren, wir warten geduldig weiter, bis uns ein geschmackvoller und nobel bescheidener Anonymus, etwa im Tempelverlag, einen Mörike zusammenstellt, in dem die Werke Mörikes stehen und sonst nichts. Sie sind ja anspruchslos und einfacher Art, aber sie haben schon vor einem halben Jahrhundert manchen Leuten auch ohne Noten, Kommentare und Jäger- und Herausgeberlatein recht wohl gefallen.

(Aus »Die Neue Rundschau« vom März 1910)

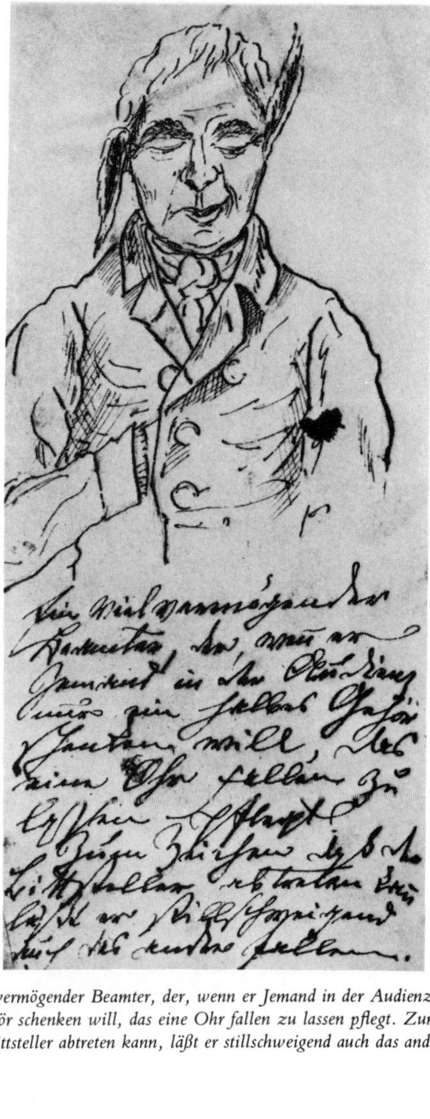

Ein vielvermögender Beamter, der, wenn er Jemand in der Audienz nur ein halbes Gehör schenken will, das eine Ohr fallen zu lassen pflegt. Zum Zeichen, daß der Bittsteller abtreten kann, läßt er stillschweigend auch das andere fallen.

Theodor Storm.

Storm liebe ich sehr, doch kann von einem Einfluß auf mich nur im schlechten Sinn die Rede sein, insofern Storm als Erzähler eine bequeme kunstlose Art hat, die der meinen verwandt sein mag. Bei Keller und Mörike steht es umgekehrt, von denen würde ich gern viel lernen, da ich beide für Künstler ersten Rangs halte. Aber ich glaube überhaupt nicht, daß Dichter etwas Wesentliches voneinander lernen können. Wenigstens teile ich z. B. mit Keller und Mörike (mit denen ich mich sonst gewiß nicht vergleichen will!) manche sprachlichen Gewohnheiten, auch im Satzbau. Aber das kam ganz von selber, ohne direkten Einfluß, während hingegen es mir nie gelang, von jenen Meistern das zu lernen, was ich an ihnen bewundre und was mir fehlt. Was man nicht hat, kann man sich nicht geben, und ich möchte überhaupt der Bildungs- und Steigerungsfähigkeit jedes Talentes nur einen sehr engen Kreis zuschreiben. Nachahmen und Nachmimen kann man fast alles, aber das tun doch nur Affen.

(Aus einem Brief um 1913 an Alfred Schaer)

Unter dem Titel »Von innerm Gold ein Widerschein«* hat der Verleger Carl Fr. Schulz in Frankfurt zum erstenmal eine ganze Reihe der »Musterkärtlein« von Mörike und aus seinem Kreise veröffentlicht, mit Briefen und Zeichnungen, Silhouetten und Gelegenheitsversen, dazu vier großzügige Radierungen Willy Geigers zum »Sicheren Mann«. Diese Art von Publikationen, ein auffallendes Dokument des Sehnens unsrer Zeit nach der gesicherten, heiterern Lebenskultur vergangener Zeiten, zeigt den Dichter Mörike im Hauskleid und läßt das Biedermeierliche seines Äußeren übertrieben hervortreten, indessen sind wir für diese lieben Kleinigkeiten, für diese hundert Zeugnisse eines an innerer Wärme und Liebe reichen Lebens dankbar, wir tauchen in die behäbige Klarheit dieser Atmosphäre und vergessen für Stunden, aus wieviel Weh und Hemmnissen die Dichtung dieses Mannes floß, aus dessen Leben uns ein trügerisches und dennoch köstliches Glück anzulachen scheint.

(Aus »Für Bücherliebhaber« in »Münchner Zeitung« vom 21. 11. 1913)

* »Von innerm Gold ein Widerschein.« Ernste und heitere Musterkärtlein von, an und über Eduard Mörike. Zum erstenmal veröffentlicht von Hanns Wolfgang Roth. Numerierte Ausgabe in 325 Expl., 1913.

Zeichnung Eduard Mörikes.

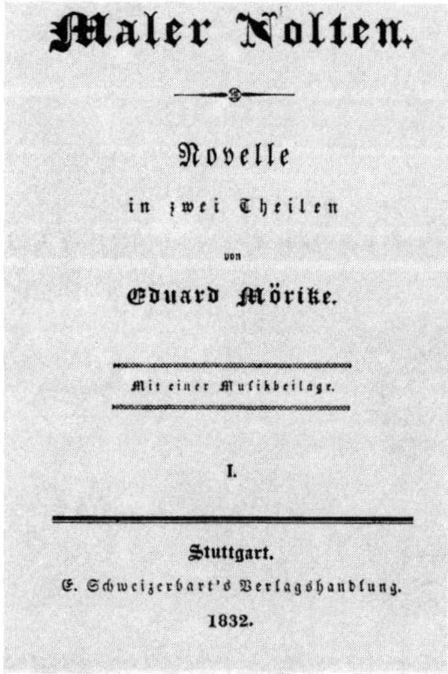
Maler Nolten.

Novelle
in zwei Theilen
von
Eduard Mörike.

Mit einer Musikbeilage.

I.

Stuttgart.
E. Schweizerbart's Verlagshandlung.
1832.

Das Titelblatt der Erstausgabe.

Hermann Hesse,
Beim Wiederlesen des Maler Nolten

Bescheiden klopf ich wieder an dein Tor
Und tret in den geliebten Garten ein,
Da atm ich meiner Jugend Lieblingsflor
Aufs neue mit geschärften Sinnen ein.

Herüber duftet aus der Jugendzeit
Begeisterung entrückter Lesestunden,
Doch hab ich nie so tief wie jetzt im Leid
Geliebter Dichtung innigen Wert empfunden.

Aus kühlen Grotten ruft mir Blütenglut
Und süße Leidenschaft ihr Lied ins Herz,
Und heilig wird, was sonst so wehe tut;
Die Dichtung winkt, und lächeln lernt der Schmerz.

(Entstanden im Juni 1917)

*Geleitwort zum Briefwechsel Eduard Mörike–Theodor Storm**

Der Dichterbriefwechsel, welcher hier nach längerem Vergriffensein** wieder neu erscheint, klingt aus einer anderen Zeit und aus einem anderen Deutschland herüber. Idylle und Traulichkeit, beschauliche Männerfreundschaft in herzlich eingehenden Briefen gepflegt, Austausch von Urteil und Rat zwischen zwei Dichtern – das alles scheint uns heute aus einem unendlich fernen, lieblichen Anno Dazumal herüber zu duften.

Indessen besteht neben aller Geschichte und Entwicklung stets auch das Zeitlose oder doch nur unendlich langsam Wandelbare fort. So wie in unsrem persönlichen, leiblichen Leben der Takt des Herzschlages in steter Dauer uns als unentrinnbare Uhr und Regelung begleitet, so lebt das Menschengemüt über alle Wandlungen der Zeiten fort, und immer wieder kommt der Augenblick, wo uns der verschollene Großvater plötzlich wieder nah und wie ein Bruder scheint, den wir eben doch so fern und unverständlich im ewig Vergangenen stehen sahen. Und so wird auch der Herzschlag dieses kleinen Buches jeden von uns in guter Stunde wieder heimatlich begrüßen. Wir hatten es schon lange bitter nötig, uns der Väter und ihres Geistes zu erinnern, und der Sinn und innere, unbewußte

* Geschrieben für den Verlag Strecker & Schröder, Stuttgart im März 1919. Der Briefwechsel erschien noch im selben Jahr neu herausgegeben von Hanns Wolfgang Rath, jedoch ohne das Geleitwort Hermann Hesses.

** Die erste Ausgabe des Briefwechsels, herausgegeben von Jakob Bächtold, war 1891 erschienen.

Storm an Mörike

Husum, 3. Juni 1865

Mein verehrter Freund!

Nach langer Zeit komme ich wieder einmal zu Ihnen; dies Mal aber als ein Mann, dessen Lebensglück zu Ende ist, und über dessen Zukunft die Worte stehen, die Dante über seine Hölle schrieb.

Aus der Zeitung haben Sie vielleicht erfahren, daß ich im Frühjahr v. J. zu einer ehrenvollen Stellung in die Heimat zurückberufen wurde. Seit März v. J. bin ich als Landvogt (d. h. Justizbeamter und Polizeimeister des Amtes – Landbezirks – Husum) constituiert und wohne wieder in der alten »grauen Stadt am Meer«. Im Mai v. J. folgte mir meine Frau mit den sechs Kindern von Heiligenstadt hieher. So lebten wir denn wieder, wo wir einst gelebt, mit den beiden noch rüstigen Eltern und einem jungen so ganz zu uns gehörigen Geschwisterpaar, meinem jüngsten Bruder, einem vielbeschäftigten Arzte, und seiner Frau, einer jüngern Schwester der meinigen; vor einigen Wochen bezogen sie ein Haus neben uns, so daß wir durch die Zaunlücken unsrer Gärten zu einander kommen konnten. Wie in Heiligenstadt hatte ich schon einen großen Gesangverein begründet, in dem auch die beiden lieben Frauen mitsangen. – Aber es sollte nicht so bleiben; die eine ist von uns gegangen: meine Constanze. Nachdem sie am 4. Mai d. J. unser siebentes Kind, eine Tochter, geboren, ist sie am 20. d. M. nach schwerem Kampfe, zuletzt doch sanft, an dem überall jetzt epidemisch auftretenden Kindbettfieber gestorben. Nachdem ich mit Freundeshilfe sie, wie wir es uns in gesunden Tagen versprochen, selbst in ihren Sarg gelegt, wurde sie in der Frühe eines köstlichen Maimorgens von den Mitgliedern meines Gesangvereins nach unserer Familiengruft getragen; als die neugierige Stadt erwachte, hatte ich schon all mein Glück begraben. – Sie wissen ja, daß ich Ihren glücklichen Glauben nicht zu teilen vermag; Einsamkeit und das quälende Rätsel des Todes sind die beiden furchtbaren Dinge, mit denen ich jetzt den stillen unablässigen Kampf aufgenommen habe. Gleichwohl bin ich nicht der Mann, der

Wille der heutigen Umwälzungen ist keineswegs ein Abschneiden der Wurzeln, aus denen wir gewachsen sind, sondern ein angstvoll lebensgieriges Tasten nach den Stellen hin, wo ein Bau auf Resten alter Fundamente möglich ist. Dazu gehört jeder Rückblick in das Leben und Sein unserer Väter, da, wo es herzlich und wertvoll war. So wenig wir nach Schlafrock und Almanachgelispel vergangener Zeiten ein Bedürfnis und Heimweh haben, so sehr haben wir es nach jedem Zeichen herzlicher Menschlichkeit. Wir haben uns unter Not und Stürmen von der Mutterschürze losgerissen und begehren in keine sentimentale Knechtschaft zurück. Aber wir haben in diesen schrecklichen Jahren unserer jüngsten Geschichte auch eine Verrohung und Verarmung erlebt, der sich tiefe Bedürfnisse unseres Innern widersetzen.

Die beiden Dichter, von deren Freundschaft diese Briefe erzählen, sind noch heute lebendig. Für unsern Blick scheint Mörike schon weit mehr ins Zeitlose entrückt, als der um 13 Jahre jüngere Storm. Aber wenn Storm auch den Herzen der jetzigen Jugend ferner steht, und für sie einen Beigeschmack überwundener »bourgeoiser« Empfindungswelt hat – erledigt und abgetan ist auch er noch lange nicht. Er wird immer wieder von Menschen geliebt werden, die sein Ton mit dem Zauber der Verwandtschaft berührt, denn seine Dichtung spricht, ganz unabhängig von den »Stoffen«, eine gewisse typische Stimmung und Seelen-Einstellung aus, die nicht untergeht, weil sie menschlich und deutsch ist und immer in den Seelen Nachgeborener wiederkehren wird.

leicht zu brechen ist; ich werde keines der geistigen Interessen, die mich bis jetzt begleitet haben und die zur Erhaltung meines Lebens gehören, fallen lassen; denn vor mir – wie es in einem Gedichte heißt – liegt Arbeit, Arbeit, Arbeit! Und sie soll, so weit meine Kraft reicht, getan werden.

Nun aber kommen meine Kinder und ich bei Ihnen betteln. Sie besitzen ein Bild unserer geliebten Toten, das am genauesten ihre äußere Erscheinung wiedergibt, wenn auch jener Ausdruck süßester, holdester Herzensgüte nicht darin lebendig geworden ist, der, wo sie immer gelebt hat, alle Menschen entzückte und ihr alle Herzen gewann. Wenn Sie das Bild noch besitzen, so geben Sie es uns zurück! Ich werde Photographien davon machen lassen, und Ihnen davon eine, sowie später auch eine Photographie eines schönen en face aufgenommenen Kreidebildes schicken, an dem der Maler, mein Freund Ludwig Pietsch, der es in glücklicher Zeit gezeichnet hat, aber noch einen etwas fremden Zug um den Mund beseitigen muß. Wenn Sie die Güte haben, uns jenes Typbild zu schicken, so sind Ihre Frauen wohl so freundlich es in ein sichres Kästchen fest einzulegen, denn ich zittre vor einer Verletzung dieses unersetzlichen Kleinods.

Wenn Sie mir dann vielleicht ein Wort dabei schreiben, werde ich dann auch über Sie, Ihre Frau, Ihre Schwester, und Ihre Kinder etwas hören? Meine Lisbeth soll, denke ich, im Laufe des Sommers als Gegengabe für Fanny und Schwesterchen im Bilde bei Ihnen erscheinen; zu Weihnachten hoffentlich auch ein Büchlein »drei Märchen« – »die Regentrude« – »Bulemanns Haus« – »der Spiegel des Cyprianus« – die ich alle noch unter den Augen der geliebtesten Frau geschrieben habe.

Mit herzlichem Gruß an Sie und die Ihrigen

Theodor Storm.

Wie haben meine Frau und ich uns noch in letzter Zeit wiederholt an Ihrem schönen Gedichte »Erinna an Sappho« entzückt! nicht ahnend, daß der Eine von uns so bald dem Andern in die nachtschaurige Kluft nachblicken sollte.

Sache und Aufgabe des Dichters ist es schwerlich, im seelischen Verhalten zum Leben irgendeine normative Richtigkeit und Vorbildlichkeit darzustellen oder vorzutäuschen. Seine Sache ist es nur, der eigenen Natur getreu zu sein und die eigene Seele, einerlei ob krank oder gesund, so rein und intensiv wie möglich auszudrücken. Das hat Storm getan, und wenn ein Etwas in seinem Wesen manchen Heutigen allzu empfindsam, ja sentimental scheinen will, so mag man ruhig vertrauen, daß diese Empfindsamkeit, weil sie echt war, ebenso zu den Bedürfnissen, Möglichkeiten und Notwendigkeiten unsrer Seele gehört wie irgendein entgegengesetzter heroischer, männlicher, rauherer Ton. Wer psychologisch sieht, mag die oft betonte seelische Verwandtschaft zwischen Mörike und Storm auf seelische Schwächen und Unstimmigkeiten zurückführen, welche beiden gemeinsam waren. Darin haben sie, die als Künstler und in Farbe und Klang ihrer Visionen keineswegs einander sehr ähnlich sind, ohne Zweifel eine nahe Verwandtschaft. Beide litten an einer Sensibilität der Stimmungen, an einer zarten Verletzbarkeit des Gemüts, und beiden war die Dichtung der Himmel, in den sie aus dem Ungenügen der Wirklichkeit flohen. Nur hat Mörike (vielleicht aus tieferem Bedürfnis, aus tieferem Kranksein) die reicheren Möglichkeiten gefunden. Er ist in fast allen seinen Dichtungen gesund geworden, indem er die Vision bis zur lebendigsten Gestaltung brachte. Er schuf sich eine ganze Mythologie, und wenn es von ihm nichts gäbe, als jene Reste einer jugendlichen Einbildungswelt »Orplid«, so würden diese paar Reste schon den großen Dichter zeigen.

Mörike an Storm

Stuttgart, den 10. Juni 1865

Verehrter teurer Freund!

Gleich bei den ersten Zeilen Ihres Briefes erriet ich Alles! – ein angstvoll voreilender Blick auf die folgende Seite bestätigte mir's. – Ich fing von Neuem an zu lesen und als ich fertig war, vermochte ich lange nicht meine Leute zu rufen, um es ihnen zu sagen. Mein erster Eindruck war ein dumpfer Schreck, ein verworrener Schmerz, augenblicklich mit tausend bitteren Gedanken versetzt, die sich wider mich kehrten. Um die reine Empfindung der edelsten Trauer und deren Ausdruck Ihnen gegenüber sollte ich mich, so schien es, durch eine Reihe unbegreiflicher Versäumnisse ganz und gar selbst gebracht haben. Und doch kam es bald anders, es war etwas in mir, das mich auf Ihre Güte hoffen ließ, nachdem dies redliche Bekenntnis abgelegt wäre. Bester Mann, ich kann für diesmal nicht viel weiter sagen, allein ich komme sicherlich in nächster Zeit wieder. Hier folgt das liebe Bild. Wie oft ist es die Jahre her von uns und Anderen beschaut und bewundert worden! Wir haben es zum Abschied noch Alle einmal lange angesehen und trösten uns auf den von Ihnen gütigst verheißenen Ersatz.

In Ihrem letzten Büchlein kommt die herrliche Beschreibung eines in Mittags-Einsamkeit von Bienen umsummten blühenden Bäumchens. Diese Schilderung (mit der ich schon manchem Freund einen vorläufigen Begriff der süßesten Reize Storm'scher Malerei gegeben habe) trat mir in diesen Tagen ungesucht auf einmal vor die Seele und ich wußte kein schöneres Bild für den stillen Verkehr Ihrer Gedanken mit der geliebten Frau im Nachgenuß alles dessen, was Sie an ihr hatten. Erhalten Sie sich Ihren männlichen Mut für das Leben, für Ihre ruhmvolle Tätigkeit nach mehr als Einer Seite.

Wir grüßen Sie und Ihre Lieben auf das Innigste; ich aber insbesondere bin mit unveränderlicher Verehrung und Anhänglichkeit der Ihrige. *E. M.*

Aber er hat, weit darüber hinaus, jenem Traumland noch neue, weite, reiche Länder angebaut und hat in seinem »Schatz« und vollends im »Hutzelmännlein« Tränke gespendet, wie sie sonst nur aus der Urquelle, dem Unbewußten ganzer Völker stammen.

Storm dagegen blieb in seiner Dichtung stets näher beim wirklichen Erlebnis und geht hundertmal, wenn auch zuweilen in Verkleidungen, die alten lieben Wege einer sehnsüchtigen Jünglingszeit durch mittäglich schwüle Heidestille oder wehmütige Sommernächte wieder und wieder. Es geht eine ewige Melodie durch alle seine Bücher, welche dem zur Monotonie werden kann, der nicht von Natur schon mitschwingt. So kommt bei Storm auch der Humor, der ihm keineswegs fehlt, nicht zu jener völlig freispielenden Selbstherrlichkeit, die er bei Mörike gewinnt.

Dafür hat Mörike, da die Natur nichts umsonst gibt, für die Intensität und Fülle seiner früheren Visionen schwere Buße bezahlt in dem mühsamen Werk seiner letzten Jahrzehnte, in der Umarbeitung seines »Maler-Nolten«, von der auch im Briefwechsel mit Storm viel die Rede ist. Der Dichter, der in seinen jüngeren Schöpfungen wie ein Magier seine goldenen Fäden aus dem Nichts zu ziehen schien, hat den Rest seines Lebens sich mit der Last einer mühevollen, meist unfrohen und schließlich für ihn mehr enttäuschenden als erlösenden Arbeit schleppen müssen. Seine Freunde, auch Storm, sahen ihm dabei mit Bedenken und Bedauern zu, und am Ende starb er mit dem schweren Bündel seiner noch unerfüllten Pflicht im Nacken.

Die Leser des Briefwechsels werden nicht verfehlen,

Storm an Mörike

Altona (zum Besuch bei Verwandten),
den 6. Juli 1865

Lieber Freund Mörike, haben Sie Dank für Ihren herzlichen Brief und für die Rücksendung des Bildes meiner Geliebtesten. Ich denke im Herbst nach Berlin zu kommen und will es dann dort vervielfältigen lassen. – Halten Sie Ihr Versprechen, schreiben Sie mir einmal wieder: von sich selbst, von Ihren Lieben. Ich bedarf jetzt solcher Erquickung; und was könnte ich, nachdem mein Leben in seinem eigentlichsten Kern zu Ende ist, jetzt noch Besseres haben, als die Teilnahme von dem Leben derer, die mir teuer sind. Mein kleines mutterloses Kind (ich muß das Ihren Frauen schon erzählen), das einzige von den sieben, das nicht an seiner Mutter Brust gelegen, scheint bei der Amme endlich zu gedeihen, obgleich es noch bleich ist; wie es das Kind einer toten Mutter denn auch von Rechtswegen sein muß. Außer ihm kommen der Reihe nach noch drei kleine Mädchen: Elsabe (zweieinhalb Jahre), Lucie (viereinhalb), und Lisbeth (zehn Jahre), süße liebe Kindergesichter; dann kommen die drei älteren Knaben. Das Alles drängt sich jetzt um mich herum. Meinen Hausstand führ ich vorläufig mit einem jungen Mädchen, die als Gehülfin in unser Haus kam, die aber auch jetzt den größeren Pflichten gewachsen scheint.

Ich schreibe Ihnen noch ein paar Verse aus diesen Tagen hin; aber mir ist, als vermochte ich nicht mehr so recht zu sagen, »was ich leide«; ist ja doch meine Muse für immer schlafen gegangen! – Das ist nicht nur so hingesagt; außer ein paar Versen, die die Sehnsucht nach ihr hervorrief, habe ich niemals eine Zeile geschrieben, wenn sie nicht bei mir war. Nur wenn ihre Hand mich festhielt auf der heimatlichen Erde, konnte ich sorglos in die lustige Traum-Region hinaufsteigen. Zu den Versen, die ich ihrer gedenkend in der Ferne schrieb, gehören die vier Zeilen in »Ein Sterbender«: »Hier diese Räume, die du einst bewohnt« usw. Ich war damals in Segeberg in

sich auch der »Erinnerungen an Eduard Mörike« zu entsinnen, die Storm geschrieben hat und die im letzten Band seiner Werke stehen. In diesen beiden Dokumenten ist uns ein sehr lebendiges Bild dieser Dichterfreundschaft gegeben. Storms erster Brief an Mörike vom 20. November 1850 war ein Begleitschreiben zu den »Sommergeschichten und Liedern«, und von allem Anfang an bekennt sich der jüngere Storm zu einer ehrfürchtigen Bewunderung Mörikes, dessen Schüler er sich nennt. Damit hebt der Verkehr zwischen den beiden an, und es ist gewiß schon das eine freundliche Fügung und ein Beweis innerer Verwandtschaft, daß Mörikes wenig bekannte Dichtungen den Weg zu einem jungen Dichter in so weiter Ferne gefunden haben, denn damals war es von Schwaben nach Schleswig noch unendlich weit.

Für Mörike bezeichnend ist es dann, daß er diesen Brief und die Zusendung des Stormschen Buches zweieinhalb Jahre lang ohne Antwort ließ. Er entschuldigt sich dann damit, daß er mit einer Gegengabe habe dienen wollen, aber leider habe er in dieser ganzen Zeit trotz manchen guten Plänen es zu nichts Fertigem gebracht, bis nun endlich doch etwas da sei, was er überreichen könne. Diese Gegengabe, von welcher er überaus bescheiden spricht, ist das »Hutzelmännlein« gewesen. Wer sähe es dieser herrlichen Dichtung an, daß ihre Ausführung lange Zeit durch »allerlei widrige Dinge, zumal Krankheit« hingezögert worden ist. Damals hatte für Mörike der Kampf mit den »widrigen Dingen« schon begonnen, als welche sich ihm die eigene Unlust und seelische Weltflucht darstellten.

ihrem elterlichen Hause, und ein dort hängendes melancholisches Bild von ihr hatte mich Abends vor dem Schlafengehen mit tötlicher Sehnsucht getroffen. Überhaupt geht durch alle Briefe unsres zehnmaligen zeitweiligen Getrenntseins seit Verlassen der Heimat (auf Besuchen bei unsern Eltern) stets die Angst, sie zu verlieren; es war wohl die natürlichste Folge von dem Bewußtsein des seltenen Glücks, sie zu besitzen. – Das ist jetzt dahin; und es gilt weiter zu leben – ohne sie.

So komme ich denn auch zu einer bestimmten Bitte, ein buch- oder kunsthändlerisches Unternehmen des Herrn Spiro hier betreffend. Der gedruckte Plan wird Ihnen die Art desselben anzeigen. Nachdem ich mich an Ort und Stelle überzeugt, daß wohl die Meisten der jetzigen Poeten ihm Handschriften eingesandt (Geibel, Anastasius Grün, Simrock, Bodenstedt etc.; von Otto Ludwig ist auch etwas da) und daß die Facsimiles vortrefflich gemacht werden, so bitte ich auch Sie, das wirklich hübsche Unternehmen durch Ihre Handschrift (Früh wenn die Hähne krähn« etwa) zu vervollständigen. Tun Sie's mir zu Gefallen und bitten auch Fischer, daß er beisteuere. Ich fange an, mich sehr für dies kleine Unternehmen zu interessieren.

Und nun herzlichen Gruß an Sie und die Ihrigen!

Ihr

Theodor Storm.

Schon auch hatte er begonnen, sich in rätselhafter Selbstbestrafung für den Rest seines Lebens mit jener Last, der Umarbeitung des »Nolten« zu behängen. So tritt beim Beginn der Freundschaft der enthusiastische Theodor Storm schon einem etwas müderen, etwas stiller gewordenen Manne gegenüber.

Im Sommer 1855 reiste Storm mit seinen Eltern nach Süddeutschland und besuchte Mörike in Stuttgart. Mörike, froh sich damit über eine schon wieder eingerissene Säumigkeit im Briefschreiben wegsetzen und rechtfertigen zu können, lud ihn herzlich ein »Sonnabend, Sonntag, Montag, Dienstag, ein jeglicher Tag, wo es taget und nachtet, ist gut, wenn er Sie herbringt«. Von diesem Besuch erzählt Storm in seinen Mörike-Erinnerungen warm und schön, und mit Rührung sehen wir, wie der Ältere dem jüngeren Freunde mit einer echt schwäbischen Herzlichkeit und auch mit Spuren einer echt schwäbischen Schüchternheit oder Befangenheit entgegentritt.

Aber kaum ist Storm wieder im Norden droben, so beginnt das alte Verhältnis wieder: er schreibt fleißig und treulich, berichtet lang und hübsch über Hauswesen, Frau, Kinder, Literarisches und Freundschaftliches, macht seine kleinen netten Scherze, bittet da und dort um Rat und Urteil – und Mörike freut sich sehr, liest die Briefe seinen Frauen vor, denkt herzlich an den lieben Storm in Potsdam oder Heiligenstadt und vergißt, ihm zu antworten. Anno 1862 wird er denn auch als »Lieber, schweigsamer Mann« angeredet. Und nun schweigt auch Storm eine Weile. Als er im Jahr 1865 sich einmal wieder meldet, ist es, um den Tod seiner

Das Wort der Klage ist verstummt,
Ich habe keine Tränen mehr;
Als trüg ich alle Schuld der Welt,
So liegt es in mir tot und schwer.

Das ist die Sehnsucht, die in Qual
Um deine holde Nähe wirbt;
Doch eh' sie noch das Herz erreicht,
Mutlos die Flügel senkt und stirbt.

Ein Leib und eine Seele, wie wir waren,
Kann ich von deinem Tode nicht genesen;
Wie du zerfällst einsam in deinem Grabe.
So fühl ich mich, mein Leben, mit verwesen.

Da ich ein Sänger bin, so frag ich nicht,
Warum so still die Welt nur meinem Ohr;
Die eine, die geliebte Stimme fehlt,
Für die nur alles andre war der Chor.

Mörike mit seiner Familie, 1860. (Schwester) Klara, Fanny, Eduard, Margarethe und Marie Mörike.

Frau anzuzeigen, jener Constanze, deren Bild ebenso wie das der Frau Mörike mit einer seltsamen Schattenhaftigkeit und dennoch mit soviel Anmut je und je durch diesen Briefwechsel geistert. Storm ist schwer erschüttert, und diesmal antwortet ihm der Freund aus Stuttgart sofort, mit einem wunderbaren Brief. Er war sein letzter an Storm. Wenn man Storms Antwort liest, den rührenden letzten Brief dieses Buches, worin Storm von seiner innigen Verbundenheit mit der Verstorbenen erzählt, dann fühlt man etwas von dem, was Mörike am Antworten hinderte. Mörike hatte mit niemanden, auch nicht mit seiner Frau diese innige und nie gestörte Gemeinschaft, er war langsam vereinsamt, darüber können alle Briefwechsel, alle die hübschen und lustigen Musterkärtchen und Gelegenheitsgedichte nicht wegtäuschen – für Mörike war die Einkehr in sein Inneres allmählich zum Gang in ein entlegenes Land geworden, aus dem er in die gewohnte Heimat immer schwerer zurückfand. Daß Mörike seine Märchen und Gedichte so wie Storm geschrieben hätte, Hand in Hand beinahe mit der Gattin – wer könnte sich das vorstellen? Nein, in ihm war, unbeschadet der glühenden Mitteilsamkeit, die er zu Zeiten zeigte, jene heimliche Liebe der Weltabgewandten, stets im Streit mit der Liebe und dem Glück der »Wirklichkeit« – jene heimliche Liebe, die er schon früh in jenem »Laß, o Welt, o laß mich sein!« bekannt hat.

Der Leser dieses Briefwechsels bleibt unbefriedigt, wenn ihm nicht die Werke gegenwärtig sind, von welchen diese Briefe so oft und eingehend sprechen, sie sind der wertvollste Gegenstand und Kern dieses Austausches. Storms Sommergeschichten und sein »grünes Blatt«, »Bulemanns Haus« und die Gedichte, auch »Immensee« finden bei Mörike liebevolles Verständnis. Wo er Rat gibt und Kritik übt, ist es stets sehr mild und schonend. Wichtiger ist, was Mörike über seine eigenen Werke erzählt, namentlich seine Auskunft über das Hutzelmännlein. Storm hatte, wie wohl sehr viele

Leser bis zum heutigen Tag, im Hutzelmännlein eine Art freier Bearbeitung von alten Volkssagen gesehen und erfährt nun vom Dichter, daß dieser ganze Mythenkranz keineswegs aus Großmuttermund und Märchenbuch, sondern aus der eigenen Erfindung stammt. So führt die Lektüre der Dichterbriefe unweigerlich zu den Dichtungen selbst zurück, und eines der schönsten Ergebnisse solcher Brieflektüre ist die erneute Lust und Dankbarkeit, mit der wir die Bücher beider Dichter wieder zu Händen nehmen. Da duftet Storms mittägliche Heide mit Bienengesumm und Sonnenflimmern wieder in ihren alten stillen Zaubern auf, da glänzt der Turmhahn wieder keck durch seinen Rost und die Mozartnovelle blickt aus der leicht gepuderten Rokoko-Anmut mit dem ernstschönen Blick einer ewigen Liebe.

Und indem wir von den Briefen und dem Menschlichen der Dichter zu ihren Werken zurückkehren, tritt aus diesen Werken uns das Unvergängliche und auch für uns Vorbildliche verstärkt und verdeutlicht entgegen. Mag Mörikes geheimnisvolle Anmut uns unerreichbar, mag Storms in sich versunkene Erinnerungsmusik uns fern und zuweilen ermüdend sein – etwas fließt aus diesen Dichtungen immer zu uns herüber, etwas lernen wir stets von ihnen, etwas predigen sie uns jedesmal neu, das einzige was wir von Dichtern lernen können: die Liebe. Die Welt und das Leben zu lieben, auch unter Qualen zu lieben, jedem Sonnenstrahl dankbar offen stehen und auch im Leid das Lächeln nicht ganz zu verlernen – diese Lehre jeder echten Dichtung veraltet nie und ist heute notwendiger und dankenswerter als je. (Bern im März 1919)

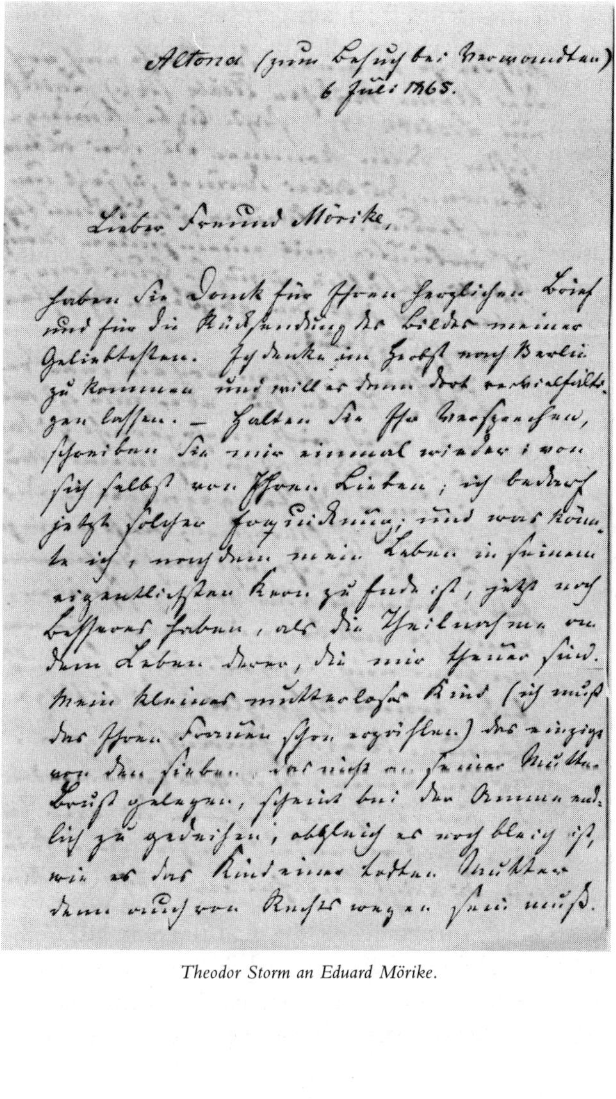
Altona (zum Besuch bei Verwandten)
6 Juli 1865.

Lieber Freund Mörike,

haben Sie Dank für Ihren herzlichen Brief und für die Rücksendung des Bildes meiner Geliebtesten. Ich denke im Herbst nach Berlin zu kommen und will es dann dort vervielfältigen lassen. – Halten Sie Ihr Versprechen, schreiben Sie mir einmal wieder u. von sich selbst von Ihrem Leben; ich bedarf jetzt solcher Erquickung; und was könnte ich, nachdem mein Leben in seinem eigentlichsten Kern zu Ende ist, jetzt noch besseres haben, als die Theilnahme an dem Leben derer, die mir theuer sind. Mein kleines mutterloses Kind (ich muß das Ihrer Frau schon erzählen) das einzige von den sieben, das nicht an seiner Mutter Brust gelegen, scheint bei der Amme endlich zu gedeihen, obgleich es noch bleich ist, wie es das Kind einer todten Mutter denn auch von Rechts wegen sein muß.

Theodor Storm an Eduard Mörike.

Ein phantastisches Buch aus der Zeit unserer Großväter, ein echtes, prachtvolles Dichterbuch, voll Laune, Spiel und tiefem, herrlichstem Unsinn ist der »Liebmund Maria Wispel« von Eduard Mörike, soeben erschienen bei Strecker und Schröder in Stuttgart. Der Herausgeber, W. Eggert-Windegg, hat in diesem höchst schnurrigen Buch alle »Wispeliaden« Mörikes zusammengestellt und Handschriften und Zeichnungen des Dichters dazu abgebildet, des großen Dichters Mörike, der auch in diesem Buch wieder, wie immer, mißverstanden werden und dennoch tief und strahlend wirken wird. Möchte es einmal geschehen, daß ein Verständiger (etwa in der herrlichen Art wie der »Nietzsche« von Bertram) uns Mörikes Person zeichnen wird, als einen der Vorläufer moderner Sensibilität, wie neben ihm Lenau, wie vor ihm Hölderlin einer war!

(Aus H. Hesse, »Phantastische Bücher« in »Vossische Zeitung«, Berlin vom 9. 9. 1919)

Ihr Brief hat mich gefreut, auch wegen des »Maler Nolten«. Er hat keinen rechten Schluß und verliert sich gegen das Ende – aber wenn nichts in ihm stünde als die Landschaften und Stimmungen und die Geschichte des Schauspielers und einige Jugenderinnerungen des Nolten, so wäre das Grund genug, das Buch für immer zu lieben. Es gehört zu denen, die man alle zehn Jahre einmal wieder liest und die jedesmal ein etwas anderes Gesicht zeigen, also lebendig bleiben. Die kleineren Erzählungen Mörikes kennen Sie aber doch? Eine davon,

»Wispel«, Bleistiftzeichnung Mörikes.

die vom Schatz und vom Hofrat Arbogast, habe ich besonders gern. Die liebste aber, überhaupt das liebste Prosastück von Mörike, ist mir das »Hutzelmännlein«, nur muß man schon beinah Schwabe sein, um zu schmecken und zu riechen, wieviel Duft der Jahrhunderte und des Volkstums drin ist, das ist für einen rechten Schwaben wie Gotthelf für einen rechten Berner.
(Aus einem Brief vom 14. 1. 1933 an Helene Welti)

*Betrachtungen beim Durchblättern einer Mappe**

Unter den zum Teil höchst beachtenswerten Publikationen des Schwäbischen Sohillervereins, dessen Vorstand seit vielen Jahren Otto Güntter ist und in dessen Museum in Marbach die seltensten Schätze aufbewahrt sind, nehmen die Bilderwerke einen besonderen Platz ein. Es gibt da eine Mappe »Die Bildnisse Hölderlins«, die ist für viele ihrer Besitzer weitaus die kostbarste Hölderlinpublikation seit zehn Jahren. Und nun ist

* »Die Scherenschnitte von Luise v. Breitschwert zu Mörikes Stuttgarter Hutzelmännlein«. Mit dem Text des Märchens, herausg. von O. Güntter. (I. G. Cottasche Buchhandlung Stuttgart.)

diese kleine Mappe gekommen, zwei Heftchen enthaltend, das eine mit dem Text des Märchens, das andre mit den Scherenschnitten der Luise Breitschwert. Ich kann mir denken, daß ein junger Literat von heute diese Veröffentlichung in die Hand bekommt und über die verschollene, rührende Zeitfremdheit dieser holden Spielereien spöttisch lächelt. Was können diese mädchenhaft zarten, kindlichen Scherenschnitte mit ihren Biedermeierlandschaften und Biedermeierfigürchen in der Zeit Picassos bedeuten, und was das hübsche Märchen Mörikes inmitten unserer heutigen Literatur? So kann man es ansehen und kann sehr recht damit haben. Der Kunstgeschichtler sieht in diesen anmutigen Bilderchen einen verschollenen, schwachen Nebentrieb der Kunstübung aus der Zeit der verbürgerlichten Romantik, der Marxist lächelt über die spielerische Unschuld dieser echten Bourgeois-Kunst, die er nur als Dummheit oder Verlogenheit zu deuten vermag. Und doch gibt es Menschen, für die dies Märchen samt diesen Bildchen dazu etwas ganz und gar anderes sind, und sie haben nicht minder recht. Es gibt Menschen, für welche der Fluch unserer Zeit in nichts andrem besteht als im Verfall der Liebe, im Untergang der herzlichen Beziehungen des Menschen zu seinem Nächsten: zum Bruder, zur Schwester, zur Heimat, zum Nebenmenschen. Man braucht weder ein Traktätchenleser zu sein noch überhaupt ein Christ, um so zu empfinden, es haben sehr moderne Autoren wie der eben verstorbene D. H. Lawrence so gefühlt. Und wenn man von diesem Gefühl aus etwas so Entzückendes und Einmaliges wie Mörikes Märchen vom Hutzelmännchen Satz für Satz wieder kostend durchliest, dann kann einem für einen Moment die gesamte heutige Literatur anekeln, so arm an Liebe, arm an Substanz, arm an natürlicher Lebenswärme ist sie neben dieser reinen Dichtung, die zugleich urschwäbisch ist, nach Bauernstube und Schusterwerkstatt riecht und zugleich mit versponnener Künstlerfreude die sublimsten Goldfäden zu unerhört wohllautenden Gebilden zusammenwebt. Und man kann aus unsrer Welt der klugen Lieblosigkeit und der dünnen, kühlen, kurzlebigen Literatur jede Erinnerung an das Andere, an Dinge, wie Mörike und Hutzelmännchen als eine Erinnerung daran erleben, daß diese Welt noch immer dicht neben uns vorhanden ist und wir nur unvoreingenommen zuhören brauchen, um ihre wunderbare Musik wie ein Heilbad zu empfinden und sie ebensowenig für veraltet anzusehen, wie wir Schubert für veraltet ansehen. Es ist Kleinkunst, gewiß, aber hier spielt Groß oder Klein keine Rolle, hier atmet etwas von dem zeitlosen Zauber, den ein braver handgeschnitzter Schaufelstiel oder ein handgeflochtener Weidenkorb hat, einerlei, ob er von heute oder von vor hundert Jahren, ob er aus dem Jura oder aus einem Negerdorf der Goldküste stammt. Das bißchen Biedermeier und stilistische Zeitgebundenheit verschwindet vor dem Zeitlosen. Und ist auch ohne Zweifel Mörikes Märchen sowohl im Bewußten wie in der Tiefe des Unbewußten von größeren Maßen und tieferem Atemzug als die Scherenschnitte, so sind doch auch diese eben dadurch, daß sie ganz von der Dichtung erfüllt sind und nichts wollen als ihr dienen, seines Geistes teilhaftig.

Gewiß, wir müssen aus dieser schönen Welt, die für uns etwas Paradiesisches und dadurch gleichsam etwas Verbotenes hat, wieder zurück, zu unsrer Zeit und ihrem Leiden und ihrer Kunst und Problematik. Aber wir kommen nicht ohne Gewinn zurück. Wir haben nicht nur eine Stunde lang gute klare Musik gehört und allerlei Aktuelles für einen Augenblick vergessen, wir haben außerdem unser Ohr und Gewissen geschärft und sind wacher und fähiger, auch in den Gebilden unsrer Zeit das Echte, das aus der Liebe Kommende, vom Nachgeahmten und Wesenlosen zu unterscheiden. Denn so wenig die Zeit Mörikes ein Paradies war, so wenig ist unsre Zeit die Hölle. Sie ist gefährdeter, ist er-

Zeichnung Mörikes auf Baumrinde.

schütterter, kränker, aber sie steht nicht außerhalb, und ihre Probleme sind alle zurückzubeziehen auf dieselben Gesetze des Menschentums, mit deren Formulierung auch schon Sokrates oder die weisen Meister des alten China beschäftigt waren. Es gab auch damals kein Paradies, es war auch damals das ganze Leben Problematik und Not und wurde doch erhellbar und verstehbar, sobald das Licht der Liebe darauf fiel. Die aufregendsten Bücher von heute werden den Urenkeln ebenso harmlos erscheinen wie uns die Bücher unsrer Urgroßväter, nur weil die aktuellen Probleme der Väter und der Söhne nie die gleichen sind. Und von den Werken unsrer Zeit werden dann, mit einer rührenden Patina von Großväterstil bedeckt, diejenigen übrig geblieben sein, denen es nicht an der eigentlichen Seelensubstanz, der Liebe, gebricht.

(Aus »National-Zeitung«, Basel vom 5. 2. 1933)

Ich hatte eine Frage, eine Bitte an Wilhelm Raabe mitgebracht, aber erst gegen Ende meines Besuches überwand ich meine Scheu und rückte damit heraus. Ich sagte, es sei mir bekannt, daß er vor bald vierzig Jahren längere Zeit in Stuttgart gelebt habe, und gewiß habe er doch den Eduard Mörike dort gekannt, und ob er mir nicht etwas von ihm erzählen könne.

»O ja, Mörike!« lächelte er. »Sehr gemocht habe ich ihn nicht, offen gesagt.«

Ich sagte, das tue mir leid, ich hielte von Mörike außerordentlich viel und gäbe wohl etwas darum, ihn noch gekannt zu haben. Jawohl, sagte Raabe, das glaube er mir gerne, und Mörike sei ganz ohne Zweifel ein echter und richtiger Dichter gewesen, gewiß; indessen, was so den persönlichen Umgang unter Kollegen betreffe, da habe er in Stuttgart und auch anderwärts Leute gekannt, die ihm doch lieber gewesen seien. Er sei ein sehr zarter und etwas wunderlicher Mensch gewesen, dieser Mörike; und leicht verletzt; manchmal sei er, wenn irgend etwas oder irgendjemand ihm auf die Nerven gegangen sei, einfach ins Bett gelegen und sei ein paar Tage nicht zu sehen gewesen. Ein zarter Mensch und ein bißchen weich gegen sich selber, das sei er wohl gewesen. Er lächelte vor sich hin, und voll Spannung starrte ich ihn an, denn ich spürte deutlich, daß er sich eben jetzt sehr genau an Mörike erinnerte, ihn vor sich sehe, und ich hätte viel darum gegeben, das Bild sehen zu können, das ihm jetzt vor Augen stand. Ich sah aber nur sein Lächeln, ein nachsichtiges Lächeln für Mörike, für den feinen Dichter, für den wunderlichen Kollegen, den etwas weichlichen Schwaben. Ich

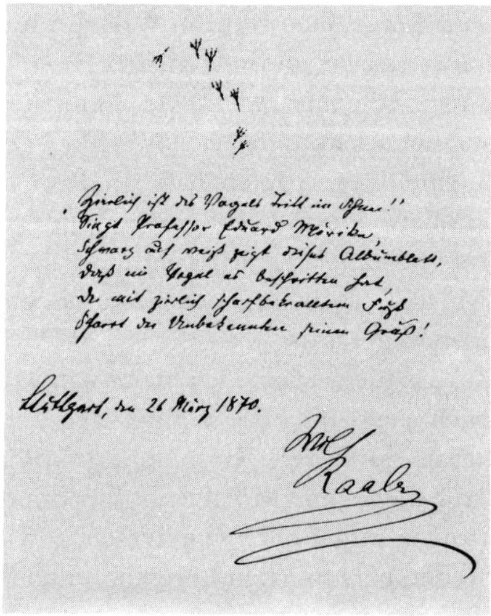

Albumeintrag Wilhelm Raabes. Hesse notierte dazu: »Es ist hübsch, wie der so ganz andere Vogel Raabe hier graziös dem lieben Vogel Mörikes nachtanzt.«

sah: zwischen diesen beiden Dichtern war kaum mehr Freundschaft, Austausch und Spiel gewesen als zwischen Keller und [Conrad Ferdinand] Meyer in Zürich. Ich sah auch oder glaubte doch zu sehen, wie er den Mörike noch weniger liebte, als er aussprach, wie er ihn eigentlich ganz und gar nicht leiden mochte, das er aber aus Schonung für mich, den jungen Mörikeschwärmer, nicht schroff aussprechen mochte.*

(Aus »Besuch bei einem Dichter«, 1933)

* Hesse besuchte Wilhelm Raabe im November 1909 in Braunschweig.

Federzeichnung Mörikes.

Daß Sie Raabe nicht mehr lesen können, schadet nichts, wie ich glaube. Mir ist es mit manchen Büchern so gegangen, die ich in der Jugend sehr liebte, z. B. mit Storm und anderen, es sind traurige Abschiede, aber es kommt zuweilen ja auch Ersatz, sei es, daß ein neuer Autor auftaucht, der einem wichtig wird, sei es, daß man einen alten erst richtig kennenlernt. Als Sechzehnjähriger war Heine mir eine unentbehrliche Größe, und noch als Zwanzigjähriger konnte ich die Dichtungen Richard Wagners lesen! Heute wäre es mir die denkbar größte Bereicherung, wenn etwa noch ein bisher unbekannter Briefwechsel von Mörike auftauchen würde. *(Aus einem undatierten Brief an Klara Lindner)*

Federzeichnung Mörikes.

Und dann war unter den Büchern, die ich mir selber zum Fest geschenkt hatte, der Briefwechsel Mörikes mit Hartlaub* (vielmehr es sind bloß Mörikes Briefe, die von Hartlaub sind nicht mitgeteilt und wohl auch nicht erhalten), und die hat meine Frau mir in diesen Tagen, d. h. an den Abenden vorgelesen. Ein sagenhaftes Württemberg, eine märchenhafte Zeit, Kultur, Gesellschaft blickte mich an, vertraut von Kind auf, denn ich bin ja doch halb Schwabe, aber so fern als läge ein Jahrtausend zwischen jener Welt und heut.
(Aus einem Brief vom 8. 1. 1939 an Franz Schall)

* Wilhelm Hartlaub (1804–1885) Studienkollege Mörikes, Pfarrer in Wermutshausen, Leonberg und Stöckenburg. 250 Briefe Mörikes an Hartlaub veröffentlichte Gotthilf Renz u. d. T. »Freundeslieb uns Treu« 1938 bei L. Klotz, Leipzig.

An Wilhelm Hartlaub.

Durchs Fenster schien der helle Mond herein;
Du saßest am Klavier im Dämmerschein,
Versankst im Traumgewühl der Melodien,
Ich folgte dir an schwarzen Gründen hin,
Wo der Gesang versteckter Quellen klang,
Gleich Kinderstimmen, die der Wind verschlang.
– Auf einmal war dein Spiel wie umgewendet:
Nur blauer Himmel schien noch ausgespannt,
Ein jeder Ton ein langgehaltnes Schweigen,
Da fing das Firmament sich an zu neigen,
Und jäh daraus herab der Sterne selig Heer
Glitt rieselnd in ein goldig Nebelmeer,
Bis Tropf' um Tropfen hell darein zerging,
Die alte Nacht den öden Raum umfing.

Und als du neu ein fröhlich Leben wecktest,
Die Finsterniß mit jungem Lichte schrecktest,
War ich schon weit hinweg mit Dir und Ihr,
Zuletzt warst Du es selbst, in den ich mich verlor.
Mein Herz durchzückt' mit eins ein Freudenstrahl:

Dein ganzer Werth erschien mir auf einmal.
So wunderbar empfand ich es, so neu,
Daß noch bestehe Freundeslieb' und Treu'!
Daß uns so sichrer Gegenwart Genuß
Zusammenhält in Lebensüberfluß!

Zu [Friedrich] Seebaß' Mörike* konnte ich dem Herausgeber sogar eine Korrektur schicken, die Richtigstellung und Erklärung eines Wortes, das er nicht verstanden hatte. In dem Bande sind mir die Briefe an beide Schwestern das Liebste.

(Aus einem Brief vom 20. 7. 1948 an Eugen Zeller)

Das Mörikegespräch von Zemp** habe ich nun mit großem Interesse und zustimmendem Vergnügen gelesen. Das kommt aus wirklichem Verstehen, aus erkennender Liebe, und manche Ausdrücke darin sind richtige Funde, wie der, daß der Dichter nicht ganz Pythia, sondern zugleich auch Priester sein muß.

Mich hat die Liebe zu Mörike, seit ich ihn 1895 oder 96 in Tübingen entdeckte, durchs Leben begleitet, ich habe ihm, ehe die große Wiederentdeckung damals um seinen 100. Geburtstag kam, manche gute Leser zugeführt, allerdings auch mehrmals Leute gefunden, die nicht zu seinem Eigentlichen durchdringen konnten. Einer mich verehrenden älteren Dame, der ich ihn empfohlen und die ihn nicht erfaßt und dumm über ihn geredet hatte, habe ich einmal eine so zornige Strafrede gehalten wie nur selten sonst. Auch habe ich einmal den Versuch gemacht, den jungen Mörike in einer Erzählung darzustellen.

* Eduard Mörike, »Unveröffentlichte Briefe«. Herausgegeben von Friedrich Seebaß, veränderte Auflage, Stuttgart 1945.

** Werner Zemp, »Gespräch über Mörike« als Nachwort des Herausgebers zur Manesse-Auswahl: Eduard Mörike, »Gedichte und Erzählungen«, Manesse Verlag, Zürich, 1945.

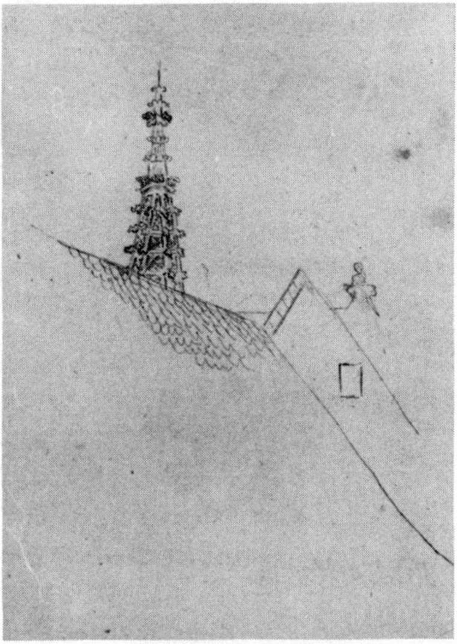

Zeichnung Eduard Mörikes.

Ich bin auch auf den Briefband natürlich sehr gespannt. Freilich, mein Einwand gegen das Darbieten von Einzelstücken aus dem Schatz und dem Hutzelmännlein besteht weiter.
(Aus einem Brief vom 10. 10. 1945 an Walther Meier)

»Marie vor dem Briefkasten«.
Sepiazeichnung Mörikes aus dem »Lorcher Hausbuch«.

Das Tübinger Stift.

Aus der Erzählung »Im Presselschen Gartenhaus«
*[Mörike im Tübinger Stift]**

Es war in den zwanziger Jahren des vorigen Jahrhunderts, und wenn die Weltläufte damals andere waren als heute, so schien doch die Sonne und lief der Wind nicht anders über das grüne, friedevolle Tal des Neckars als heute und gestern. Ein schöner, freudiger Frühsommertag war über die Alb heraufgestiegen und stand festlich über der Stadt Tübingen, über Schloß und Weinbergen, Neckar und Ammer, über Stift und Stiftskirche, spiegelte sich im frischen, blanken Flusse und schickte spielende, zarte Wolkenschatten über das grellsonnige Pflaster des Marktplatzes.

Im theologischen Stift war die lärmende Jugend soeben vom Mittagstisch aufgestanden. In plaudernden, lachenden, streitenden Gruppen schlenderten die Studenten durch die alten hallenden Gänge und über den gepflasterten Hof, den eine zackige Schattenlinie in der Quere teilte. Freundespaare standen in Fenstern und offenen Stubentüren beieinander; auf frohen, ernsten, heiteren oder träumerischen Jünglingsgesichtern leuchtete der schöne warme Sonnentag wider, und in ahnungsvoll durchglühter Jugend strahlte da manche noch so knabenhafte Stirn, deren Träume noch heute lebendig sind und deren Namen heute wieder von dankbaren und schwärmerischen Jünglingen verehrt werden.

An einem Korridorfenster, gegen den Neckar hinausgelehnt, stand der junge Student Eduard Mörike und blickte zufrieden in die grüne, mittägliche Gegend hinüber; ein Schwalbenpaar schwang sich jauchzend in launisch spielerischen Bogen durch die sonnige Luft vorbei, und der junge Mensch lächelte gedankenlos mit den eigenwillig hübschen, gekräuselten Lippen.

Dem etwa Zwanzigjährigen, den seine Freunde einer unerschöpflich frohsprudelnden Laune wegen liebten, begegnete es nicht selten, daß in frohen, guten Augenblicken ihm plötzlich die ganze Umgebung zu einem verzauberten Bilde erstarrte, in dem er mit staunenden Augen stand und die rätselhafte Schönheit der Welt wie eine Mahnung und beinahe wie einen feinen, heimlichen Schmerz empfand. Wie eine bereitstehende Salzlösung oder ein kaltes, stilles Wintergewässer nur einer leisen Berührung bedarf, um plötzlich in Kristallen zusammenzuschießen und gebannt zu erstarren, so war mit jenem Schwalbenfluge dem jungen Dichtergemüt plötzlich der Neckar, die grüne Zeile der stillen

Eduard Mörike 1825, Zeichnung von J. G. Schreiner.

Baumwipfel und die schwachdunstige Berglandschaft dahinter zu einem verklärten und geläuterten Bild erstarrt, das mit der erhobenen, feierlich-milden Stimme einer höheren, dichterischen Wirklichkeit zu seinen zarten Sinnen sprach. Schöner und herzlicher spielte nun das frohe Licht in den schweren, laubigen Wipfeln, seelischer und bedeutsamer floß die Kette der Berge in die verschleierte Ferne hinüber, geistiger lächelte vom Ufer Gras und Gebüsch herauf, und dunkler, mächtiger redete der strömende Fluß wie aus urwelthaften Götterträumen her, als werbe Baumgrün und Gebirge, Flußrauschen und Wolkenzug dringlich um Erlösung und ewigen Fortbestand in der Seele des Dichters.

Noch verstand der befangene Jüngling die flehenden Stimmen nicht ganz, noch ruhte der innere Beruf, ein verklärender Spiegel für die Schönheit der Welt zu sein, erst halb bewußt in den Ahnungen dieser schönen, heiter-nachdenklichen Stirn, und noch war das Wissen um eine vereinsamende Auszeichnung nicht mit seinen Schmerzen in des Dichters Seele gedrungen. Wohl floh er oft aus solchen geisterhaft gebannten Stunden plötzlich mit ausbrechendem Weh und Trostbedürfnis wie ein erschrecktes Kind zu seinen Freunden, verlangte in nervöser Einsamkeit heftig nach Musik und Gespräch und innigster Geselligkeit, doch war die unter hundert Launen verborgene Schwermut und das in allen Freuden weiterdürstende Ungenügen seinem Bewußtsein fremd geblieben. Und noch lächelte Mund und Auge in ungebrochener Lebensfrische, und von jenen geheimen Zügen der Gebundenheit und Lebensscheu, die wir im Bilde des geliebten Dichters kennen, war noch keiner in das reine Gesicht gekommen, es sei denn als ein flüchtig vorübergleitender Schatten.

* Vgl. H. Hesse, »Im Presselschen Gartenhaus«, WA 4, S. 384 bzw. H. H., »Der Europäer«. Gesammelte Erzählungen. Bd. 3, S. 223.

Mörike in seinen letzten Lebensjahren.

In Ihrem Mörikebändchen, über dessen Gedichtauswahl und Nachwort ich seinerzeit hoch erfreut war, habe ich hier des öfteren gelesen, und es ging damit umgekehrt wie mit den Grimm-Märchen: nie mehr werde ich diesen Mörike mit auf eine Reise nehmen, nie mehr ihn als brauchbare Ausgabe gelten lassen. Das gewaltsame Herauspicken erzählerischer Rosinen aus dem Nolten, dem Hutzelmännlein, dem Schatz ist so unerträglich, daß man grimmig bedauert, Ihre so schöne Bücherreihe* mit diesem Unglücksband verunziert zu sehen. Sei des Herausgebers Nachwort noch so schön, in einer Mörikeausgabe soll Mörike das Wort haben und nicht Zemp, und wenn der Raum nicht

* Die Manesse Bibliothek der Weltliteratur.

reicht, so ist eben das geistreichste Nachwort weit entbehrlicher als irgendeine der Erzählungen.

Entweder müßte man Mörikes gesamtes Werk, zweibändig, in die Reihe aufnehmen, oder man müßte zwar Opfer bringen, aber sinnvolle und pietätvolle Opfer, nicht diese Zerstückelungen. Zum Beispiel müßte der von Zemp offenbar nicht ganz kapierte »Schatz« ganz unbedingt vollständig hinein, auch wenn die Lucie und die Jezerte dafür wegfallen. Kurz, aufs Kalkulieren kann ich mich natürlich nicht einlassen, aber wenn die Ausgabe von allen Erzählungen auch nur das Hutzelmännlein brächte, aber ungekürzt, wäre sie mir lieber als so, wie sie ist.

So nun habe ich gesagt, wozu ich mich verpflichtet fühlte. Ich erwarte keineswegs von Ihnen eine Stellungnahme zu dieser Mörikefrage, Sie sind Herr Ihrer Ausgaben, meine Anmerkung soll nur eine Anregung sein – eine Einladung, diesen, wie mir scheint anfechtbarsten Band Ihrer Sammlung sich gelegentlich noch einmal anzusehen.

(Aus einem Brief vom März 1947 an Walther Meier)

Daß nur ein Deutscher den Goethe in allen Nuancen und nur ein Schwabe den Mörike ganz verstehen könne, war mir stets selbstverständlich. Aber die Weite Goethes »deutsch« zu nennen oder die Sensibilität Mörikes »schwäbisch«, wäre eben doch unsinnig. Der Deutsche ist kein Goethe und der Schwabe kein Mörike, bildet es sich aber in Zeiten hochgehender Vaterlandsliebe gern ein.

(Aus einem Brief an einen unbekannten Adressaten vom August 1951)

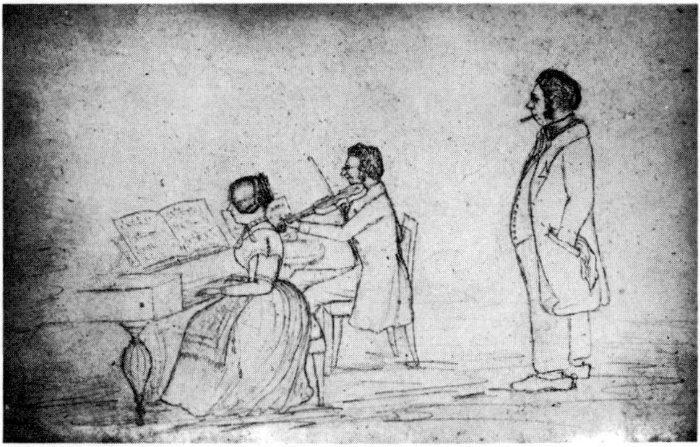

Zeichnung Eduard Mörikes.

Nun haben wir am Samstag am Radio den »Besuch in Urach«* gehört, an jenem Abend war ich in Gedanken sehr bei Dir. Die Wiedergabe zwar gefiel mir nur halb; die Singstimme war immer ganz vorn, das Orchester weit hinten, und während das Orchester, das man sich viel näher wünschte, wunderbar musizierte, klang die Stimme zuweilen überanstrengt. Aber diese Musik! Du hast dem lieben Mörike damit eine Freundesgabe dargebracht, und wir Freunde Mörikes und Schoecks nehmen dankbar dran teil. Was für ein Gedicht! Ich glaubte es gut zu kennen, aber es tat, wie bei jeder neuen Begegnung, wieder ganz neue Tiefen und Geheimnisse auf, Du bist diesem Zaubergesang bis in alle Verborgenheit nachgegangen.

(Aus einem Brief vom 13. 1. 1952 an den Komponisten Othmar Schoeck)

* Othmar Schoeck, »Besuch in Urach« aus dem Liederzyklus »Das holde Bescheiden«, nach Gedichten von Eduard Mörike Op. 62.

Mozart

auf der

Reise nach Prag.

Novelle

von

Eduard Mörike.

Stuttgart und Augsburg.

J. G. Cotta'scher Verlag.

1856.

Die Erstausgabe.

Danke für die Pragerreise! Für mich spricht bei Mörikes lieber Novelle immer auch die Wehmut darüber mit, daß es zwar vielleicht einen solchen Mozart, nicht aber eine solche Konstanze gegeben hat.

(Aus einem Brief vom 9. 10. 1952 an Werner Weber)

»Mörike ist der Dichter, den ich von allen am besten verstehen kann; nicht nur als Dichter, sondern überhaupt in allem wirklich ganz verstehen, auch im etwas Verschrobenen und Verrückten.« Er sagte dann auch noch: »Mörike war einer der Frühvollendeten, die zu spät gestorben sind. Alle seine besten Sachen hat er jung geschrieben.« Er erwähnte besonders auch Mörikes Briefe. Er kenne alles, was je herausgegeben worden sei an Äußerungen von Mörike. »Es gibt so wundervolle Briefe von Mörike, wie Goethe keinen geschrieben hat.«

(Aus Bruno Hesse, »Vater im Gespräch«, Notiz vom 14. 10. 1959)

Als Leser halte ich mich wieder einmal im Schwaben des jungen Mörike etc. auf, ich lese die Tagebücher Waiblingers, die er mit 16 bis 18 Jahren geschrieben hat, ein verspätetes Kraftgenie aus Sturm und Drang, halb Karl Moor, halb Ardinghello, ohne Pause sprühend, glühend, brüllend, schluchzend, den frühen Tod ahnend. Er erinnert mich zuweilen auch an meine eigene Knabenzeit, und um ihn herum treten auf Matthisson, Schwab, Uhland, Mörike, Pfizer, Hartlaub und andre Wohlbekannte, und die Hintergründe und Kulissen sind Stuttgart, Reutlingen, Tübingen, Waldenbuch, Urach.

(Aus einem Brief vom Juni 1961 an Georg Schwarz)

WOLF VON NIEBELSCHÜTZ

MÖRIKE
oder
DAS PHÄNOMEN DES LEISEN*

DER MANN IST MEHR ALS SIEBZIG JAHRE TOT: EIN schönes Zeichen also, daß sein bloßer Name Sie bewegen konnte, sich hier zu versammeln! Denn dieser Name gilt wiederum so viel nicht, als daß er die Menge verlockte. Es muß demnach in Ihnen, die Sie dennoch gekommen sind, ein Begriff Mörike leben, eine geistige Vorstellung dessen, was er bedeutet – und das ist einerseits wohl das Höchste, was man vor der Nachwelt erreichen kann, andererseits für die Nachwelt das einzige, wovon zu sprechen sich lohnt: nicht das gewesene Dasein, sondern das bleibende. Von dem gewesenen sind Ihnen die Umrisse geläufig, mehr braucht es nicht, vielleicht nur vage, aber doch bekannt, und so wissen Sie, daß es kaum ein Dichterleben gibt, welches weniger Sensationen aufwiese, keinen Genie-Rausch, keine tragischen Konflikte. Er war alles andere als eine effektvolle Persönlichkeit, ein Mensch wie wir, wenig beachtet, durchaus ein Bürger, ein braver, unauffälliger Untertan seines Kgl. Württembergischen Vaterlandes. Soll ich Ihnen also erzählen, wann und wo und unter

* Ein Vortrag.

Mörike 1856, Portrait von Karl Kurtz.

welchen Auspizien er dieses oder jenes Werk schrieb? Jede Literaturgeschichte informiert Sie besser; chronologisch geordnet, systematisch, analytisch, indezent mit allen niederziehenden Einzelheiten, sachlich und unbeteiligt. Sie dagegen, wenn ich Ihr Kommen recht verstehe, sind beteiligt, sonst wären Sie zu Hause geblieben und hätten das Wissenswerte auf kürzerem Wege nachgeschlagen, Sie lieben Mörike, wie ich es tue, Sie wollen Lebendiges hören. Ist es nicht so? Ich spreche über das, was an Mörike ewig ist: seine Gedichte. Oder, mit anderen Worten: über das Phänomen des Leisen.

Und dies in unserer lauten Zeit! unserer zänkischen,

aufgeregten Gegenwart, voll von Hysterie und Brutalität! Sollte man nicht denken, daß sie das Laute als ein ihr Wesensgemäßes empfindet? daß sie an Atonalitäten sich freut, an Disharmonien und Diskrepanzen, Schreiendem und Beklemmendem, an Trommeln, Tuba, Posaunen und ähnlich wundervollem Lärm? von dem man nicht einmal weiß, wohin er noch ferner sich steigern oder ob er gelegentlich aufhören will? Es könnte sein, daß dergleichen Donner am Eigentlichen ganz bedeutend vorbeigeht. Wie wäre andernfalls ein Mörike möglich gewesen? Man glaube nicht, daß seine Umwelt so idyllisch war, wie seine Verse uns das vorspiegeln! 1804, als er geboren wurde, setzte der General Bonaparte die französische Republik außer Kurs, eines der folgenreichsten Daten der Weltgeschichte, 1805 überfuhr er Österreich, 1806 Preußen, 1808 Spanien, 1809 abermals Österreich, 1812 Rußland, 1813 schlug man sich bei Leipzig, 1815 bei Waterloo, auf dem Wiener Kongreß bereits drohten die Alliierten einander mit Krieg, auch eine Parallele zu heute, Serbien erhob sich gegen den Sultan, in Griechenland brach der Aufstand aus, in Italien putschten die Carbonari, in Petersburg die Dekabristen, Rußland überfiel die Türkei – und auf den Fildern oberhalb Stuttgart schrieb ein schwäbischer Pfarrvikar »das uralt alte Schlummerlied«

Vom Tage,
Vom heute gewesenen Tage.

Darf ich Ihnen, nach der Art Hebels im »Bergwerk zu Falun«, diese Liste noch fortsetzen? Sie werden staunen, was alles in ein Menschenleben hineingeht an blutrünstigen Ereignissen und wie pervers die Menschheit veranlagt ist, daß sie sich immer an den vom Blute Triefenden berauschen muß. Was ist bei diesem ganzen Morden herausgekommen? Das Völkerglück? der Völkerfriede? eine auch nur halbwegs erträgliche Regierungsform? Und doch gab es einen Frieden, wenn auch auf ganz anderer, von den Politikern hochmütig belächelter Basis, einen Frieden immerhin, den hundert hochgerüstete Staaten in hundert Jahren nicht haben brechen können: Mörikes Gedichte. Als er sie dichtete, füllten sich die Gefängnisse in Deutschland, bitte das nicht zu vergessen, alles forderte, schrie und raisonnierte, Freiheit war die große Losung, Kotzebue wurde ermordet, die Burschenschaft verboten, die Demagogen verfolgt, Österreich intervenierte in Neapel, die Carbonari wurden gehängt, füsiliert, das gleiche Schauspiel in Spanien, hier führte das bourbonische Frankreich die Exekution durch, dann Revolution auch dort, Paris stieg auf die Barrikaden –

Du bist Orplid, mein Land,
Das ferne leuchtet!

– im selben Jahre 1830 geschrieben. Belgien riß sich von Holland los, wieder floß Blut, Rußland metzelte den polnischen Aufstand nieder, Aufstände in Süddeutschland, Attentat auf den Frankfurter Bundestag, verschärftes Polizei-Regime, Spitzel, Zensur –

Spitalszene, Zeichnung Eduard Mörikes.

Märchenhaft fühlt ich mich selbst,
mit aufgeschlossenen Sinnen
Sah ich, wie helle! den Wald,
rief mir der Kuckuck wie fremd!

Und 1840 rasselte Frankreich mit dem Säbel – hätte Mörike da nicht auch, wie Nikolaus Becker, singen können »Sie sollen ihn nicht haben«?

»Lebe wohl« – du fühlest nicht,
Was es heißt, dies Wort der Schmerzen…

das sang er, und zwei Jahre später:

Welch Entzücken! Es war um die hohe Stunde des Mit-
[tags,
Lautlos alles, es schwieg selber der Vogel im Laub.

1845 schmiedeten Terror und Gegenterror ihre Waffen, Flinten, Pistolen, Höllenmaschinen, Dolche –

Musik der hundertfachen Flöte,
Die mit dem letzten Strahl verschwebt…

Und wieder drei Jahre darauf, so war wieder eine Revolution, so verjagte man in Paris den König Louis Philippe, in Wien den Fürsten Metternich, der Kartätschenprinz Wilhelm in Potsdam mußte nach England gehen, Kaiser Ferdinand dankte ab, in der Paulskirche zu Frankfurt etablierte sich eine Deutsche Nationalversammlung. Alles schien erreicht, das Glück vollkommen –, aber dann zogen Wrangels Regimenter in Berlin ein, die Russen in Ungarn, Prinz Wilhelm warf die badischen Demokraten nieder, Verjagung des Rumpf-Parlamentes, Felix Schwarzenberg in den habsburgischen Landen, ein eiskalter Machtmensch, wie es Metternich nie gewesen, trieb die Freiheit mit Bajonetten zu Paaren, in Olmütz demütigte Österreich das knirschende Preußen, nachdem es um Hessen beinahe zum Bruderkrieg gekommen wäre, an der Seine erschien ein neuer Napoleon –

> Ah, Sternenlüfteschwall wie rein
> Mit Haufen dringet zu mir ein!
> Den Verrenberg ich schimmern seh',
> Den Schäferbühel dick mit Schnee.

Das ist aus der Idylle vom alten Turmhahn, Sie kennen es:

> Zu Cleversulzbach im Unterland
> Hundertunddreizehn Jahr ich stand
> Auf dem Kirchenturn ein guter Hahn
> Als ein Zierat und Wetterfahn.

Und dann wird er abgesetzt und abmontiert, und der Pfarrer erwirbt ihn für seine Studierstube:

> Der Gottesmann drauf mildiglich
> Mit eignen Händen trägt er mich
> Nach seinem Zimmer, Stiegen auf,
> Nachpolteret der ganze Hauf.
> Hier wohnt der Frieden auf der Schwell'!

Der Turmhahn von Cleversulzbach.

Eigentlich sollte man betonen: hier wohnt der Frieden... denn währenddem brach der Krimkrieg aus, Mörike schrieb das »Stuttgarter Hutzelmännlein« mit der Historie von der schönen Lau, schrieb »Mozart auf der Reise nach Prag«, 1859 prallten Habsburg und Frankreich in Italien aufeinander, 1861 zerfleischten sich in Amerika Nordstaaten und Südstaaten, 1864 donnerten die Kanonen in Schleswig-Holstein, 1866 in Böhmen bei Nachod und Königgrätz, in Hannover bei Langensalza, in Baden bei Tauberbischofsheim, knappe hundert Kilometer von Mörike entfernt, der damals in Stuttgart lebte, Würzburg wurde mit Artillerie beschossen, Bürgerkrieg und Anarchie in Spanien,

Hohenzollern-Kandidatur, Einmischung Frankreichs, Gravelotte, Mars-la-Tour, Sédan, Belagerung von Paris, Kommunarden-Aufstand, Kaiserproklamation, Frankfurter Friede, Kulturkampf – und als der alte emeritierte Pfarrer 1875 zur ewigen Ruhe ging, da war Europa schon wieder, wie immer, ein Pulverfaß.

Auf den Altan zogen mich die Mädchen:
»Komm, die schönen Jünglinge zu sehen,
Die vorüberziehn im Waffenschmucke.«
Ungern folgt' ich, mit verdrossnen Augen.

Weht, o wehet, liebe Morgenwinde!
Tragt ein Wort der Liebe hin und wieder!

Kennen Sie dieses wundervolle Duo »Aus der Ferne«? Der Geliebte, für sich:

Eine Nacht, ach, hielt ich dich im Arme,
Unter Küssen dich auf meinem Schoße;
Ein Jasminzweig blühte dir im Haare,
Kühle Lüfte kamen durch das Fenster.

Und sie, von ihm getrennt, auch für sich:

Heut im Bette, früh, es dämmert' eben,
Lag ich in Gedanken an den Liebsten:
Unwillkürlich küßt' ich, wie du küssest,
Meinen Arm, und mußte bitter weinen.

Still, o stille nun, ihr Morgenwinde!
Wehet morgen in der Frühe wieder!

Zeichnung Eduard Mörikes.

Da reden nun die Leute immer, der Dichter habe zeitnah zu sein, sonst tauge er nichts. Hat man sich jemals überlegt, was man verlangt? Soll er gereimte Leitartikel schreiben? Überlassen wir das doch den Kinkels und Freiligraths, den Herren Gutzkow und Hoffmann von Fallersleben, der gestrigen und heutigen »Dichter« ganz zu schweigen. Ist etwa die Liebe nicht zeitnah? der Wald? Kuckuck und Nachtigall? der Frühling? ein Strom in Weinbergen? der Sternenhimmel?

Hell schwamm auf Duft und Nebelhülle
Des Mondes leiser Zaubertag.

Von solchen Worten, meine ich, haben wir mehr und Schöneres als von allen Detonationen, politischen Manifesten und internationalen Problemen. Solange in solchen Worten noch eine Trostesmacht vernehmlich zu uns spricht, können wir als Menschen nicht ganz verloren sein, und es möge niemand sagen, dergleichen zu dichten, sei eine Flucht aus der Wirklichkeit, dergleichen zu lieben, ein Verkennen der Gegenwart. Selbst unsere Zeit kennt das Leise mehr als vom bloßen Hörensagen. Selbst in ihr leben Menschen genug, denen der Sinn nach Göttlichem steht; die der Klarheit, der Schönheit, der Güte zugetan sind; die Unordentliches zu scheiden wissen von höherer Ordnung, Gewohntes von Ersehntem, Wahrheit von Lüge, Auftreten von Pose, Recht von Willkür, und so weiter. Es ist kaum ein Geheimnis, wo diese Menschen zu finden sind: vornehmlich in der Schicht der Gebildeten, des vielgeschmähten Bürgertums, welches seit einigen Jahrhunderten die abendländische Kultur getragen hat und heute für ihren Fall verantwortlich gemacht wird, obwohl der Gebildete allein das Abendland noch trägt. Es sind die Besten, die verzweifeln, und sie verzweifeln, weil sie zuviel wissen, um noch glauben zu können. Aber wir müssen nicht verzweifeln. Wir müssen nur wieder Vertrauen fassen zu unserer eigenen Welt – ganz gleichgültig, ob diese eigene eine Macht hat gegen die andere, von der sie umschlossen wird: gegen die Welt des Hasses, der Roheit und der Versklavung im Staate. Darüber im einzelnen zu sprechen, ist hier nicht der Ort. Genug, daß es angeschnitten wurde und daß Mörike unser Ausgangspunkt war. War nicht die Lage für ihn eine ähnliche? der Horizont von ähnlicher Düsternis? Daß wir es, absolut gesehen, noch schwerer haben, ist eine relative Erscheinung, die wenig verschlägt, und Mörike würde selbst heute wieder Mörike werden – er hätte keinen Grund, sich zu ändern; ebenso wenig wir. Die Werte, an die wir glauben, sind Werte und bleiben es, solange wir sie wert halten. Denn klarer als jede Stichflamme leuchtet das ewige Menschentum aus unvordenkbaren Zeiten zu uns herüber, und unser Herz erwärmt sich daran. Kein Winter, und sei er noch so eisig, tötet dieses unser seelisches Bedürfnis; kein Knall von Explosionen, und sei er noch so zerreißend, übertönt auf die Dauer den Klang der Stille. Im Gegenteil. Tiefste Stille antwortet den Explosionen, da diese temporärer Natur sind, während jene zeitlos ist und immerdar.

Fürchten Sie nicht, daß ich zu weit abschweife. Das eben Gesagte bildet eine ganz wesentliche Definition für das am Anfang Gesagte – das Phänomen des Leisen – und wenn ich vom ewigen Menschentum sprach, so war auch das weder ein Zufall noch ein Ungefähr. Und bitte, nehmen Sie das Wort Menschentum in seiner höchsten, gottgewollten, gottgetränkten Bedeutung: in der Bedeutung der Menschlichkeit, der Humanität, von der heute so viel Wesens gemacht wird, weil sie im Munde der Regierer sich gut ausnimmt und schöne Fassaden gibt. Für Mörike ist sie das Zentrum, und nicht weil er ein Gottesmann war. Überhaupt hat sie mit Religion wenig zu tun, wofern man darunter den organisierten, statistisch erfaßbaren Glauben versteht, um so mehr mit organischer, d. h. eingeborener

Der Hausaltar im Dachstuhl des Cleversulzbacher Pfarrhauses. Zeichnung Mörikes.

Frömmigkeit. Was die erstgenannte Beziehung angeht, den Kanzel-Glauben, so ist dieser Mann wohl der seltsamste Pastor gewesen, den die lutherische Kirche je mit Talar und Bäffchen belehnte. Dieser Mann hatte eine bedeutende Leidenschaft für Weihrauch und Katholizismus, er wurde Pfarrer ausdrücklich aus Not und ging mehrmals mit Absichten um, aus der lästigen Bevormundung auszubrechen. »Du hast keinen Begriff von meinem Zustand. Mit Knirschen und Weinen kau ich an der alten Speise, die mich aufreiben muß. Ich sage dir, der allein begeht die Sünde wider den Heiligen Geist, der mit einem Herzen wie ich der Kirche dient.« So hatte das Konsistorium Anlaß, ihn genau zu beobachten. Man entdeckte bei ihm eine Haus-Kapelle mit Heiligenbildern – sehr ungewöhnlich für Protestanten

– und auch die Ehe mit einer Katholikin vermerkte man übel. Zu Recht und zu Unrecht. Denn weder konvertierte er, wie es in der Hoch-Romantik geradezu Mode gewesen, noch widmete er sich dem fremden Bekenntnis irgend ernsthaft. Ich erwähne diesen heiklen Punkt nicht aus Lust am Heiklen, nicht um Mörike schlecht zu machen, und nicht, weil ich über Geistlichkeit und Dogmen mich vielleicht amüsieren wollte. Man kann aber den Komplex nicht übergehen, wenn man die Begriffe der Religiosität und Humanität bei ihm klären will. Obenhin betrachtet, sind beide Begriffe christlicher Herkunft, und obenhin betrachtet war Mörike ein obenhin gefirnißter Heide. Wie fremd wirken die wenigen geistlichen Gedichte, die er schrieb! Mager und karg stehen sie in der Umgebung einer sonst überall fülligen Poesie. Und doch ist das berühmte Gebet

Herr, schicke, was du willt,
Ein Liebes oder Leides!

ein echtes Gebet:

Ich bin vergnügt, daß beides
Aus deinen Händen quillt.

Und es liegt nicht nur in dem seltenen Gebrauch der Vokabel »vergnügt«, daß man an Bach dabei denken muß:

O wie vergnügt wär so mein Ende:
Es drückten deine schönen Hände
Mir die getreuen Augen zu.
Bist du bei mir, geh ich mit Freuden
Zum Sterben und zu meiner Ruh.

Diese Bachsche Melodie stellt nun auch eine tiefe Verquickung dar von weltlichen und überweltlichen Bezirken. Ein Vergleich zwar wäre absurd, weder an Ausdrucksgewalt noch an Festigkeit, noch an Kraft läßt sich Gemeinsames konstruieren, aber Eines ist sicherlich in Beiden: Das Innige. Es gehört mit zu den schönsten Worten der deutschen Sprache, zu den schönsten Zügen des deutschen Wesens, ein Begriff, um den uns z. B. die Franzosen glühend beneiden, und im Reiche der Dichtung wüßte ich keinen Zweiten, den man inniger nennen könnte als Mörike, ja, nur entfernt so innig wie ihn.

Nehmen wir es wörtlich: innig ist das, was innen lebt und ohne Einbuße rein nach außen dringt. Und nirgends stärker als in der Kunst: wie es in einem Menschen aussieht, so malt es sich ab. Entsprechend gestattet uns das Ergebnis fast immer den Rückschluß – bei Mörike in besonderem Maße, weil sein Leben reich dokumentiert ist, der Rückschluß also kontrollierbar bleibt. Aber der Ausgangspunkt kann nur die Verehrung sein. Hier liegt der Fehler, den fast jede Literaturgeschichte begeht. Sie verehrt nicht, sondern vermerkt, sie sichtet nicht, sondern sammelt, und mit Vorliebe verdächtigt sie auch, will gerecht sein gegen das Kleine und verkleinert dabei das Große. Bei all ihrem Forschen überschätzt sie nämlich das gewesene Dasein, sucht es aus den Dokumenten wiederherzustellen, rekonstruiert den gestorbenen Schöpfer zu Ungunsten seiner nicht gestorbenen Schöpfung, kurz: sie hält, ohne es einzugestehen, den Verfasser für wichtiger als das Werk, ja, nicht einmal den Verfasser – die *Verfassung* hat es ihr angetan, in welcher ein Buch, ein Gedicht, eine Musik geschrieben wurde, und am glücklichsten wäre sie, wenn es ihr eines Tages gelingen könnte, das ganze Gebräu von Zufälligkeiten, aus denen das betreffende Werk, wie sie meint, erwachsen *mußte,* gleichsam synthetisch in der Retorte sichtbar zu machen. Bei Mörike wäre sie übel daran. Und es ist mir klar, warum Jakob Burckhardt oder Hofmannsthal nachdrücklich gewünscht haben, daß man ihre Korrespondenz vor einer Publikation schütze. Das Wühlen im Privaten gehört zu den widerwärtigsten Angewohnheiten der Wissenschaft. Und zu welchem Ende? Zum Beispiel ist Goethe geradezu ein Opfer der tausendfachen Materialien geworden, die von ihm und über ihn existieren. Ebenso Mozart: wieviel Albernheiten – ich persönlich liebe sie – schlagen aus seinen Briefen auf sein Andenken zurück. Es sollte mir nicht schwer fallen, Ihnen von Mörike ein Bild zu malen, das Sie mit Recht mir verübeln würden und das doch sachlich unanfechtbar wäre. Es gibt Graues und Unerfreuliches genug in seiner Lebensbahn – eine Natur, von Ursprung unbeständig, schwankend, genau besehen sogar schwächlich. Und trotz dieser Anlage zur geistigen Impotenz, wie sie generell in der Romantik lag und wie sie sein episches Hauptwerk, der »Maler Nolten«, ge-

Zeichnung Eduard Mörikes.

treulich widerspiegelt, trotz eines niederziehenden Erbteiles, das in Launen, Kleinmut und oftmals trüben Späßen ertrank, trotz einer verfahrenen Ehe, trotz muffigem Plüsch und vielem Engen – trotz alledem, wenn ich daraus mein Bild herleiten wollte, würde ich mich so gründlich geirrt haben, wie man sich gründlicher kaum irren kann. In alledem ist nicht ein Funken vom echten Mörike, der uns aus den Gedichten so warm und sprühend, so besonnt und gütig entgegenleuchtet. Sollen also die Gedichte der Irrtum sein? Sie allein sind es, die den absoluten, obersten Rang behaupten, als die reinste Kristallisation seines Wesens. Halten Sie mir aber den »Nolten« entgegen, worin er sich auf

Zeichnung Eduard Mörikes.

die wirrste Manier selber portraitierte, ein Werk, das normaliter allüberall im Zentrum der Betrachtungen figuriert, so hat Mörike in Person das Urteil gefällt, indem er die erste Auflage schon nach Kurzem aus dem Verkehr zog. Kann man über die Tatsache hinweggehen, daß er bis zum Tode vergeblich sich mühte, in dieses Unglückskind eine Form, eine Plastizität, einen Abstand hineinzubringen? Man erweist weder sich noch ihm einen Gefallen, wenn man vorgibt, etwas Mißglücktes immerhin doch zu schätzen. Man braucht es durchaus nicht gelesen zu haben. Und der Rückschluß von *hier* auf den Autor führt irre – es sei denn, man ziehe ihn korrespondierend mit dem Rückschluß aus den Gedichten. Nur dann wird er lehrreich sein, nur dann auch gerecht, nur dann positiv. Es ist der Rückschluß vom späten Mörike auf den frühen, von einer in Schmerzen *gewordenen* auf die damals noch *werdende* Wesenheit. Das Resultat heißt Bewunderung. Es müssen moralische Qualitäten von nicht geringer Art zusammenkommen, ehe dermaßen ehrenvolle Siege errungen werden.

Die Qualitäten sind leichter benannt als geleistet. So erscheint es als selbstverständlich, daß ein großer Dichter Arbeitskraft besitze. Das ist so selbstverständlich nicht. Für denjenigen zumal, dessen Konstitution zu Müßiggang neigt, wie es bei ihm der Fall war, kann es nicht leicht sein, sich in trägmachender Umwelt aufzuraffen. Er besaß diese Kraft nicht immer; aber immer dann, wenn er sie brauchte, war sie da. Denn er besaß etwas Wichtigeres, was seltener ist: die Fähigkeit der Geduld. Etwas reifen zu lassen – im Negativen beweist es der »Nolten« – die Beherrschung dieser schweren Kunst darf oft als eines der Haupt-Anzeichen von wahrem Können gelten. Was wissen wir, wieviel hinausgeworfene Zeit, wieviel Schlendrian und unproduktiver Unsinn in einem großen Geisteswerk stecken und ob nicht gerade das Unproduktive ursächlichen Zusammenhang hat mit den Quellgründen der Produktion? ob nicht das Produktive sich ausruht im Unproduktiven? Und was nun Mörike betrifft, so war er ein Meister dieses Müßigganges, der für ihn die Funktion gehabt haben muß wie für andere Sterbliche das Essen, der Schlaf oder das Atmen. Wir übersehen das gern, und nur zu schnell sind wir bereit, philiströs zu ver-

Zeichnung Eduard Mörikes.

urteilen, was *ihm* offenbar nötig war. Die Szene ist bekannt, wie er im Schlafrock, als Pfarrer von Cleversulzbach, des Sonntags im Grase liegt, süßem Nichtstun hingegeben, während aus der Dorfkirche die Predigtworte seines Vikars verloren herüberschallen in den Frieden der schwäbischen Landschaft. Ist solch ein Mangel an Pflichtauffassung wohl der rechte Nährboden für den Ernst der Kunst? In unserem Falle: ja. Wenn nicht für den Ernst, so für das Lächeln der Kunst, und sie lächelt bei uns viel zu selten. Die Szene, ich leugne es nicht, hat etwas Groteskes an sich, sobald man sie aus dem Blickwinkel unseres gehetzten Jahrhunderts betrachtet, welches die Rentabilität zu seinem Gott erhob. Aber er persönlich überliefert sie, in voller Naivität; es scheint also ein anderer Blickpunkt immerhin auch denkbar zu sein: daß man Hochwürden beneidet um eine so schöne Gelassenheit. Überlegen zu bleiben: wäre das nicht eine Aufgabe für jeden von uns? Und in höherem Sinne als nach kaufmännischem Soll und Haben berechnet, war dieses Nichtstun sogar sehr rentabel:

Denn des Sonetts gedrängte Klänge flechten
Sich wie von selber unter meinen Händen,
Indes die Augen in der Ferne weiden.

Zum Exempel, »Schön-Rohtraut« hat er in einer Viertelstunde gedichtet, auf und nieder wandelnd im Garten und ex improviso, aus einem spontanen Gedankenblitz, den ihm, ich weiß nicht mehr was, eine Blume, ein Kind, erweckte. Wir wollen daraus nichts Übertriebenes ableiten. Auch bei Mörike ging es kaum so zu, wie gewisse Schriftsteller-Filme uns weismachen möchten, in denen die noch feuchten Bogen nach links und rechts hin nur so flattern und das eben Geschriebene unverzüglich unter der Presse, auf dem Markt und berühmt ist. An manchem jedenfalls – und ich darf hinzufügen: oft an den besten Gedichten – hat er sich entsetzlich schwer getan, und es flocht sich durchaus nicht von selber. Denn zugleich mit seiner Beschaulichkeit, die er ganz unbelastet genoß – es wäre ihm nicht die Idee gekommen, man könne Skrupel dabei empfinden – zugleich mit ihr beseelte ihn eine höchst modern anmutende, geradezu eifernde Hingabe ans Werk. Nichts konnte ihm schön genug, treffend genug, präzis genug

Mörikes Tochter Fanny, Zeichnung des Dichters.

sein, nichts durfte das Licht der Öffentlichkeit eher erblicken, als bis es wahrhaft vollendet erschien.

Ein Fanatiker des Ausdrucks, obwohl ein Träumer par excellence: angeblich unvereinbare Gegensätze sind in ihm vereint. Und zwar menschlich so gut wie im Dichterischen, welches allein uns hier interessieren soll. Dieses Dichterische, soweit es als Ernte sichtbar wird, ist schmal, zumindest wenn man die Ernte anderer Großer dagegen hält. Ich habe seine Gedichte nicht gezählt; es werden knapp zweihundert sein; Rückert schrieb ihrer zehntausend, und wenn seine Tochter streichen wollte, pflegte er zu antworten: Ach Kind, laß es doch, mir hat es Freude gemacht. Mörike war wählerischer, die Ernte ist vom Besten, die Spreu ausgesondert, und obwohl seine thematische Skala auf den ersten Blick eng bemessen ist, die Pole nah beieinander liegen – ich gestehe, daß ich mich darin selber lange getäuscht habe –, so wird man bei stetem Umgang mit seinen Versen staunend gewahr, wie unendlich reich die wenigen Themen variieren, so daß sie immer neue Empfindungswelten öffnen. Man könnte sogar Musik oder Malerei mit ihm in Vergleich setzen, könnte von Abstufung der Farben sprechen, von Instrumentation. Es schimmert bei ihm von wundervoll fließenden chromatischen Übergängen, überall leuchten zärtliche und duftige Tönungen auf, ein immer neues Überraschen und Bezaubern, in feinster Dezenz und Nervosität an entscheidender Stelle hingesetzt, Tönungen in der Art Johann Christian Bachs, Vermeers, Corots – denken Sie an das Ärmelblau bei dem Mädchen mit der Perle – große Meister, zu denen er tiefere Verwandtschaft hat, als Sie jetzt vielleicht glauben; vielleicht befremdet Sie die ungewohnte Konfrontation. Aber man kann sie nachprüfen, Wort für Wort; ein Gedicht wie »Früh im Wagen« ist ein einziger Beleg dessen, was hier gesagt wurde. Oder meinen Sie, man fände solche Akkorde von ungefähr: Schmerzensglück... Purpurschwärze...? Das sind sehr kühne, glänzende Verknappungen, viel kühner als später die Worthaufen der Expressionisten, weil absolut treffsicher, kompliziert im Inhalt und doch im Ausdruck voll göttlicher Leichtigkeit. Und selbst die Impressionisten übertrifft er, in den großartigen Zeilen zum Beispiel, die er angesichts von Schaffhausen schrieb, unter dem Rheinfall:

Rastlos donnernde Massen auf donnernde Massen ge-
[worfen –

oder, einige Verse weiter:

Rosse der Götter, im Schwung,
eins über dem Rücken des andern,
Stürmen herunter und streu'n silberne Mähnen umher.

Überhaupt haben Ex- und Impressionisten nicht eben viel Neues erfunden. Was sie auf ihre Fahnen schrieben, war in Andeutungen da seit Johann Christian Günther, spätestens seit Goethe, und eine erhabenere Gewagtheit hat niemand gewagt als der angeblich langweilige Dichterfürst in Weimar.

Waldung, sie schwankt heran,
Felsen, sie lasten dran.

Aber an Stimmungsreichtum und Stimmungsfülle bleibt hinter Mörike, dem ehrfürchtigen Schüler und Jünger, sogar Goethe, der Meister zurück – natürlicherweise, da sein Charakter gefestigter, seine Persönlichkeit stärker, klarer, seine Selbstzucht ausgeprägt bis zur Schroffheit war. Von Selbstzucht ist bei Mörike nicht die Rede, und er wäre nicht Mörike, wenn er sie hätte. Denn in übertragenem Sinne verkörpert er als Existenz, was er so gern besingt: die Äolsharfe, eine beliebte Mode-Erscheinung der Nachromantik. »Die Harfe, die, vom leisen Windhauch angeregt«, ohne Zutun einer Menschenhand ihre seltsam schöne Musik fabriziert, aufgestellt im Freien auf einer Efeu-Terrasse und von entzückten Ohren belauscht,

> Du, einer luftgeborenen Muse
> Geheimnisvolles Saitenspiel –

wie es in seinem Gedicht heißt, einem der schönsten von Hugo Wolf vertonten. Wenn Ihnen aber die Äolsharfe nicht mehr geläufig ist – sie sank ins Vergessen wie alle Mode-Erscheinungen –, so denken Sie an einen Seismographen, ein Barometer, und Sie werden wissen, worauf ich hinaus will. Er hat in der Tat etwas von der mimosischen Reaktions- und Registrierfähigkeit dieser Meß-Apparate, nur daß es bei ihm die Seele ist, die es tut, und mit der Sprache der Seele schreibt sie es zitternd auf:

Der Sonnenblume gleich steht mein Gemüte offen,
Sehnend,
Sich dehnend
In Liebe und Hoffen.

Und vorher:

> Die Wolke wird mein Flügel,
> Ein Vogel fliegt mir voraus.
> Ach, sag' mir, alleinzige Liebe,
> Wo du bleibst, daß ich bei dir bliebe!
> Doch du und die Lüfte, ihr habt kein Haus.

Mörike übrigens genausowenig. Kein fester Punkt war ihm gegeben, kein Geländer, an das er sich halten konnte, kein Wirkenskreis, der ihn befriedigte, keine Aufgabe, weder menschlich noch amtlich, die ihm gelohnt hätte, was er litt an sich selbst. Er war sich selbst ausgeliefert, das darf man sagen, ohne zu übertreiben, die Tragödie der modernen Künstler-Problematik, die aus einer Menge von Gründen unlösbar ist, liegt bei ihm deutlich vor Augen, bereits bei ihm so schneidend, wie aktueller Weise heute bei jedem, der noch schöpferisch sein will und es sein muß, weil andernfalls das Schöpfertum ihn ersticken würde. Daß er da nicht ins Taumeln geriet, wie bei Zahllosen seinesgleichen seit jener Zeit zu beobachten, gehört in das Kapitel seiner innersten Qualitäten. Das Barometer schlug aus von Lust zu Leid, und wieder von Leid zu Lust: immer blieb es im Rahmen, verließ niemals die Grenzen, und immer spielte es wieder ein in die mittlere Seelenlage einer wohlig menschlichen Temperatur. Auf dem Hintergrund tiefster Melancholie glitzert wolkenlos Heiteres. Der tief schmerzliche Zug wird kompensiert durch ein entsprechend hohes Talent der Beglückung, aktiver wie passiver Beglückung, das Glück vergiftet sich an Skrupeln und Ängsten, die Ängste heben sich auf in Ironie – aber die Ironie ist warm und leise – sie mündet in lethargischen Mißmut, ohne ins Werk einzufließen, in lethargisches Schleppenlassen von Entwürfen, Plänen, dringlichst Notwendigem, und mitten aus dem Mißmut bricht wieder entwaffnend Kindliches, nicht selten auch Kindisches, ein oft skurriler Humor, ja, in extremen Situationen fährt diese extrem zarte, extrem verletzliche Seele, vielleicht als Gegengewicht ihrer Verletzlichkeit, das grobe Geschütz einer, ich möchte sagen, borstigen Schadenfreude auf:

Wie wir nun an der Treppe sind,
Da geb' ich ihm, ganz froh gesinnt,

(dem Kritiker nämlich)

Einen kleinen Tritt
Nur so von hinten aufs Gesäße mit –
Alle Hagel! ward das ein Gerumpel,
Ein Gepurzel, ein Gehumpel!
Dergleichen hab' ich nie gesehn,
All mein Lebtage nicht gesehn,
Einen Menschen so schnell die Trepp' hinabgehn!

Ein merkwürdiger Seelenhirt. An diesem Gedicht übrigens – es nennt sich »Abschied« – könnte ich erläutern, was ich vorhin meinte mit der unnützen Rekonstruktion. Was haben wir davon, wenn wir wissen, ob Mörike so war? ob er Kritik nicht vertrug? ob die Szene sich wirklich ereignete? oder ob sie, wie zu vermuten, rein literarische Phantasterei ist? Wir haben sein Gedicht – freuen wir uns daran!

Inzwischen, scheint es, sind wir weit abgekommen von der Frage nach Mörikes Humanität. Aber wir haben uns immer in ihrer Nähe aufgehalten. Denn wieviele widersprechende Vokabeln ich auftischte: sie alle einen sich darin, daß er zu jeder Stunde seines Lebens rundum Mensch war – ob ein kleiner, ein großer, das steht dahin – und daß er sich zu jeder Stunde unter den Augen der Gottheit wußte. Es sind mannigfaltige Ingredienzien, die sein spezifisches Menschentum ausmachen, und als eines der wesentlichsten wünschte ich wohl verstanden die Naivität. Er war nicht so sehr liberal, wozu eine Absicht gehört, sondern er war wirklich eben: naiv – absichtslos und ohne Programm, mit Schwächen und mit Fehlern, außer dem einen, den fast jeder von uns begeht. Was lassen wir es uns kosten, eine schöne Fassade herzurichten! Was für Mühe verwenden wir darauf, uns ein Ansehen zu geben, nur damit man uns für größer, edler, bedeutender hält, als wir sind, kurz: für eine wahre Persönlichkeit! Bei Mörike ist nichts von Maske, nichts von Bühnen- und Kulissenluft. Wenn ich ihn lese, ist es mir immer zumut, als sähe ich eine weite Sommerlandschaft, irgendwo zwischen Jagst und Kocher, auf sanften Höhen oben zwischen Weinsberg und Berlichingen, die Wolken wandern darüber hin, der Schatten, das Licht, in blauem Fernendunst liegen die Horizonte,

Die Augen, wunderbar berauschet,
Tun, als schliefen sie ein,
Nur noch das Ohr dem Ton der Biene lauschet.
Ich denke dies und denke das,
Ich sehne mich, und weiß nicht recht, nach was:
Halb ist es Lust, halb ist es Klage;
Mein Herz, o sage,
Was webst du für Erinnerung
In goldengrüner Zweige Dämmerung! –
Alte unnennbare Tage!

Die Wiesen duften, man riecht es, die Hummel brummt durch die Gräser, man hört es, alle die kleinen Geräusche sind da, und doch ist das Vorherrschende die unendliche Stille des Firmamentes dort oben. Hier liegt Mörikes Religiosität, eine völlige Weltoffenheit, Weltfrömmigkeit, eine völlige Bejahung dieser Welt, so wie sie ist, auch sie mit allen Schwächen und Fehlern. Hier liegt seine tiefe Berührung mit ihr: daß er Natur ist und daß keine Philosophie ihn verstellt – die Philosophie, die den Menschen krank macht um eines kalten Systemes willen, und die das Dasein vergewaltigt mit glücklosen Spekulationen.

Und doch war er Philosoph: im wörtlichen Sinne – Liebhaber der Weisheit – war er's. Die ursprünglichen Bezeichnungen sind uns ja allgemein ein wenig verloren gegangen, hie und da muß man sich zwingen, sie rein wiederherzustellen. Zum Beispiel ein Dilettant, das empfinden wir fast als Beleidigung, wenn uns jemand so nennt. Zum Beispiel ein Humanist, denken wir da nicht gleich an trockenes Gelehrtentum? Il diletto, das Vergnügen... Humanismus, die Lehre von den humaniora, den edleren Kräften des Menschen, dem Humanen, der Humanität... Mörike war ein sehr gelehrter Herr, aber es ist nichts Vertrocknetes zu entdekken. Il diletto, er delektierte sich an den Klassikern des Altertums, genoß sie, lebte mit ihnen und war darin zu Hause. Und wie hießen seine Götter? Anakreon, Catullus, Tibull! deren glänzender Übersetzer er wurde. Sehr sinnliche Götter – und was wäre Mörike ohne die Sinnlichkeit? Er ist der Zauberer des erotisch Verhüllten, und in der nächsten Minute ist er der Sänger des

Zarten und der Keuschheit, der klaren Frühe, der kaum erblühten Reine. Selbst dieser Gegensatz reimt sich, wenn man das Erotische endlich einmal wieder nicht in unserem heutigen Sinne auffaßt, als eines Anstößigen, Schwülen, Sexuellen, sondern in dem der Antike, die den Eros in voller Unschuld als Gott verehrte, wie er vom Schöpfer ja wohl auch gemeint ist, als etwas wundervoll Schönes, als das Natürliche und für die Natur Unumgängliche an der Liebe, das sich mit ihrem Geist und ihrer Seele durchaus verträgt. Zeilen, wie sie das zweite Peregrina-Gedicht enthält, sind wohltuend menschlich eben um ihrer Vermählung willen von Eros und Keuschheit, denn das Irdisch-Sinnliche, das sich am Hüllenlosen erfreut, ohne deshalb gleich schamlos zu sein, verhüllt sich in ihnen mit den Schleiern eines nachtkühlen, atmosphärischen Duftes. Immer wieder muß man und kann man diese Zeilen lesen, diese Musik hören, dieses traumhafte Bild bis in die heimlichste Farbe nachkosten:

Später im Lärmen des Fests
Stahlen wir seitwärts uns beide
Weg, nach den Schatten des Gartens wandelnd,
Wo im Gebüsche die Rosen brannten,
Wo der Mondstrahl um Lilien zuckte,
Wo die Weymouthsfichte mit schwarzem Haar
Den Spiegel des Teiches halb verhängt.

Auf seidnem Rasen dort, ach, Herz am Herzen,
Wie verschlangen, erstickten meine Küsse den scheue-
[ren Kuß,

Indes der Springquell, anteilnehmend
An überschwenglicher Liebe Geflüster
Sich ewig des eigenen Plätscherns freute!
Uns aber neckten von fern und lockten
Freundliche Stimmen,
Flöten und Saiten umsonst.

Ermüdet lag, zu bald für mein Verlangen,
Das leichte, liebe Haupt auf meinem Schoß.
Spielender Weise mein Aug' auf ihres drückend,
Fühlt' ich ein Weilchen die langen Wimpern,
Bis der Schlaf sie stellte,
Wie Schmetterlingsgefieder auf und niedergehn.

Eh' das Frührot schien,
Eh' das Lämpchen erlosch im Brautgemache,
Weckt' ich die Schläferin,
Führte das seltsame Kind in mein Haus ein.

Und nun bedenken Sie wohl: es ist das ein Klagegesang, der Schmerzensschrei eines Zwanzigjährigen, dem der Verlust dieser Geliebten um Haaresbreite den Verstand geraubt hätte. Welch einsames Meisterwerk, an sprachlicher Macht sowohl wie an seelischer Gefaßtheit! Ein Jugendwerk – und schon hier, bei allem Deutschen, was es enthält, leuchtet uns ein eigentümlicher heller Ton entgegen, der bei uns selten ist, der Ton griechischer Klagegesänge, bei aller Nachtstimmung etwas eigentümlich Strahlendes, transparent wie die Sonnenluft Attikas. Ich komme damit auf etwas ganz Zentrales: daß Mörikes Menschentum von allerfrühester Zeit her geprägt ist durch die Antike, daß die Antike seine geistige Heimat war, nicht eine Wahlheimat, sein eigentliches und tiefstes Zuhause. Er wurzelt in dieser Welt, in diesem Lebensgefühl, und so ist es nicht nur müßig, es ist abwegig, falsch, ihn, wie Nadler es tut, als einen Klassizisten hinzustellen, nur weil er natürlich auch auf Goethe und Hölderlin fußte, fußen mußte, da sie vor ihm da waren. Solche Schulbezeichnungen haben eine magnetische Kraft, das Begriffsvermögen des Nachfahren zu stören. Der Humanismus lebte seit Jahrhunderten und war nicht tot. Denken wir uns Hölderlin fort und den Professor Nadler auch: Mörike wäre trotzdem der Musensohn geworden. Was soll uns der verdünnte Tropfen vom Blute Luthers in Mörikes Blut? Dergleichen geringe Erbmasse wird allzusehr überschätzt, zumal sie im Werke kaum zu entdecken ist. Was soll uns die schwäbische Umwelt? der bis zum Überdruß wiederholte Hinweis auf Schiller, Uhland, Schelling, Kerner, die aus der nämlichen Landschaft hervorgingen? Weder Landschaft noch Volkstum machen den Dichter. Sie sprechen vielleicht mit, sind aber nicht entscheidend. Entscheidend ist, was tief unter der Oberfläche spielt; woher es stammt, das wissen wir nicht, und keine Ahnenforschung deckt es auf. Die Vergangenheiten, in die ein Mensch zurückreicht, sind unabsehbar wie das weite Meer. Ebenso die Vergangenheiten, zu denen er sich aus Liebe und Neigung gezogen fühlt. Erst das Ergebnis, zu einem sehr kleinen Teil, gibt uns Kunde, wohin das Lot, ihm selber oft unbewußt, gesenkt wurde; und nur daran, wie tief das Lot hinabgeht, erweist sich, ob solche Verankerung im Gewesenen ein untrennbarer Teil der geistigen Natur ist oder ein Traum des Verstandes, durch welchen sich ein verletzlicher Organismus den Brutalitäten von Zeit und Gegenwart entzieht. Mit mehr Recht als Wilamowitz, der von Burckhardt behauptete: »Diese Griechen haben nie gelebt«, können wir von Hölderlin sagen, daß seine romantische (nicht klassische) Seele sich in ein Wunschbild steigerte, dessen weltflüchtige Rechnung nicht aufging. Es steht eine aufschlußreiche Kritik darüber in den Briefen des jungen Mörike. Verglichen mit ihm ist Hölderlins Griechenland, ebenso Winckelmanns und Goethes, Konstruktion und kühl, eine klassizistische Bemühung, die sich im Leser entsprechend mühevoll umsetzt. Mörike vermenschlicht es. Und so wenig bei ihm von Griechenland im einzelnen die Rede ist, so unabweislich durchschwärmt uns die Illusion einer unmittelbaren Sinnenverwandtschaft, die, ohne den Umweg über Bildungsmomente, wiederum sinnlich auf uns einströmt. Und zwar einer Verwandtschaft ausdrücklich mit Griechenland – nicht mit Rom, das seine wenigen liebenswürdigen Züge aus zweiter Hand von dort her empfing.

Ich sage das gegen Keller, der in Mörike den Sohn des Horaz und einer feinen Schwäbin sah. Wäre er ein Römer, so hätte er Pathos. Sie werden aber im ganzen Mörike kein Wort des Pathos entdecken. Von Rom trennt ihn dieser absolute Mangel an großen Worten, von Rom der ganze Ductus seiner Sprache, das ungescheut Private seiner Existenz, das Intime, Leichte, die Quellkraft seiner Phantasie. Sogar ihre Gottheiten haben die lieben Römer sich ja von Hellas ausborgen müssen. Mörike dagegen genügte es nicht, was Hellas ihm bot, und wie ich Ihnen eingangs sagte, er sei ein obenhin gefirnißter Heide gewesen – auch dies übrigens in entwaffnender Naivität, ein Pantheist wie Goethe, über dem allerdings kein Konsistorialpräsident seines Amtes waltete –, so dichtete er die griechische Mythologie für den Hausgebrauch noch um ein schönes Stück weiter, so bevölkerte er sich die Erde nicht nur mit den vorhandenen Nymphen, Dryaden, Faunen, Titanen, mit Musen, Grazien, Horen und Eroten: er schuf den Orplid-Mythos, wovon im Freundeskreise gesprochen wurde, als seien Weyla oder Thereile oder der König Ulmon historische Persönlichkeiten, er schuf den Sicheren Mann, Suckelborst, der in der Korrespondenz, abermals transfiguriert, unter dem Namen des Professors Sicheré auftaucht, er schuf die Nixe Binsefuß und den Magier Drakone, einen »Mann von ernster Schöne«, von dem sich die Prinzessin Liligi »auf dem Gartenhausbalkone« Kindermärchen erzählen läßt:

Und zuweilen, im Gesange,
Neiget er der Lippen Milde
Zu dem feuchten Rosenmunde,
Zu den hyazinthenblauen,
Schon in Schlaf gesenkten Augen
Der betörten Jungfrau hin.

Und da kann man nehmen, was man will: das Hutzelmännlein, die Idylle vom Bodensee, von der Paul

Heyse allen Ernstes meinte, sie fuße auf überlieferten Volkssagen, während sie doch nach Mörikes Worten ganz auf seine eigene Rechnung kommt, oder die so reizend mozartische Zauber-Oper (niemals vertont allerdings) »Die Regenbrüder«, worin er den Regen in Gestalt dreier Brüder persönlich auf die Bühne bringt, und der eine placiert sich gar in Gestalt eines Regenbogens auf dem Schoß einer ebenfalls betörten Jungfrau, was immerhin liberal und neuartig ist – man nehme, was man wolle: überall quillt und schwillt und sprudelt es von einer im XIX. Jahrhundert ansonsten schon längst erstorbenen Fabulierlust; und Mörikes Fabulierlust geht nicht, wie sein Illustrator Schwind, in säuberlichen Umrißzeichnungen vor, unter heftiger Benutzung des Radiergummis, sondern streut volle Figuren um sich. Nur Spitzweg, in gewissen kleinen Kabinettbildern, die wenig bekannt sind, hat Ähnliches erreicht, abseits des Üblichen und von höchster Qualität der Malerei; im allgemeinen macht auch hier die Anekdote das Rennen. Aber nicht von Spitzweg wollte ich reden, sondern von Mörike. Woher stammt dieser offensichtlich unstillbare Drang, Mythen zu bilden, die doch nur für ihn eine Gültigkeit hatten? Im letzten Grunde war es der einsame Versuch einer von der Theologie nicht zu sättigenden, in der entgöttlichten Welt gottdurstigen Seele, sich oben, wo es leer wurde, einen menschlich vorstellbaren Himmel zu schaffen. Und die leise Ironie, die er darüber hinspielen ließ, kann ich nicht anders auffassen denn als das einsame Lächeln des Verzichtes.

So sind wir wieder dort angelangt, wo wir begannen: bei dem Phänomen des Leisen. Wenn es wahr ist, daß unser Ohr das Leiseste in der Musik, einen lang ausgehaltenen Violintriller, stärker empfindet als die darunter her sich auftürmenden Akkorde eines disharmonischen Durchganges; daß wir das Einsamste, was die Musik kennt, die herausgestochene Melodie eines Solo-Klavieres, nur mit der rechten Hand und einzeln erfolgend, dennoch als das Wesentliche begreifen gegenüber dem akustisch doch viel mächtigeren Kontrapunkt des Orchesters, dessen zahlreiche Instrumente, trotz ihrer Polyphonie, dem unisonen sich unterordnen; wenn es wahr ist, daß in Oratorien die strahlende Pracht eines Soprans, eines Tenors, eines Altes noch vernommen wird, obwohl Chöre von zweihundertfacher Besetzung, Orgel, Streicher und Posaunen sie begleiten; und wenn endlich wahr ist, daß, wie die Physiker bewiesen haben, bei überfeinen Tönen sogar die Haut das Zittern der Luft fühlt: dann erklärt sich aus alle diesem die wunderbare Stetigkeit in der Geltung eines so leisen, einsamen, unisonen Menschen, wie es Mörike war. Es scheint erstaunlich, daß dieser Ruhm sich, gleich dem Violintriller, *nicht* wandelt, während die Zeiten, gleich dem disharmonischen Durchgang, schwärzeste Moll-Akkorde türmen. Aber auch der Mensch als Wesen wandelt sich nicht, und Mörikes Werk ist so zentral menschlich, daß er in jeder Generation zu jedem empfänglichen Menschen spricht. Was sich wandelt, ist nur die Menschheit als Summe. Und obwohl im Augenblick lediglich nach Summen gerechnet wird, so bleibt unberührt davon, daß noch unendliche Kräfte da sind, und zwar tätig, und zwar außerhalb des Allgemeinen, statistisch Erfaßbaren –

auch wo sie nicht, wie das Allgemeine, in Form eines Staates zutage treten, um entsetzliche Vergewaltigungen des Individuums vorzunehmen und mit den Manieren eines Roboters über zartere Existenzen hinwegzuschreiten. Diese zarteren Existenzen bilden die kulturfähige Substanz eines Volkes. Stürbe sie aus, so würde auch Mörike vergessen werden. Nun, sie wird das genaue Gegenteil tun. Ich verrate nichts Neues, indem ich sage, daß nichts dem Nachleben gerade der geistigsten Werke günstiger ist als die Hinterlassenschaft riesiger Kriege, die uns auffordert, den Blick nach innen zu lenken. Vollends eine solche Versklavung im Staate, wie wir sie durchgemacht haben und weiter durchmachen, führt in der Seele des Versklavten zu um so schärferer Ausprägung seines Begriffes von sich selbst. Und wie das Seelische an Bedeutung gewinnt, je totaler die Macht sich aufspielt, so neigt man, je wilder die Elemente rasen, um so eher dem Leisen zu. Dieses Pendelgesetz scheint mir von gar nicht geringer Tröstlichkeit. Jedenfalls wird ein kommendes Jahrhundert, wofern die Welt es noch erlebt, mit einer gewissen Verwunderung feststellen können, daß vor einigen Menschenaltern, während Atombomben fielen, sich ein halb totgeschlagenes Volk, in seiner entscheidenden Schicht, dem Zauberhaftesten hingab, was es in seiner Literatur besitzt: den Gedichten Eduard Mörikes.

(1947)

ZEITTAFEL

1804 8. September: Mörike wird als siebentes Kind des Stadt- und Amtsarztes Karl Friedrich Mörike und seiner Ehefrau Charlotte Dorothea in Ludwigsburg geboren.

1811 Eintritt in die Ludwigsburger Lateinschule.

1817 22. September: Tod des Vaters. Die Mutter übersiedelt mit den Kindern nach Stuttgart.

1818 Oktober: Eintritt in das »Niedere Theologische Seminar« in Urach. Beginn der Freundschaft mit Johannes Mährlen und Wilhelm Hartlaub.

1821 Erster Kontakt mit Wilhelm Waiblinger.

1822 Beginn des Studiums der Theologie am Tübinger Stift.

1823 Begegnung mit Maria Meyer in Ludwigsburg. »Freundschaftsbund« mit Ludwig Bauer und Wilhelm Waiblinger.

1824 Juli: Gesundheitlicher Zusammenbruch. Rückkehr nach Stuttgart.

25. August: Plötzlicher Tod des jüngeren Bruders August.

1825 Höhepunkt der Freundschaft mit Bauer. Erfindung der Insel Orplid. Friedrich Theodor Vischer und David Friedrich Strauß kommen nach Tübingen.

1826 Oktober: Theologisches Examen. Im Dezember Beginn der fast achtjährigen Vikariatszeit in Oberboihingen. Dramatische Versuche: *König Enzio* (nicht erhalten); *Der letzte König von Orplid*.

1827 31. März: Tod der Schwester Luise. – Im Winter Beginn eines mehrmonatigen Urlaubs.

1828 Herbst: Vergeblicher Versuch, in Stuttgart Fuß zu fassen und dort als freier Schriftsteller zu leben.

1829 Im Mai Rückkehr in den Vikariatsdienst (Plattenhardt auf den Fildern). Beginn der Beziehung zu Luise Rau.

14. August: Verlobung mit Luise Rau.

Dezember: Versetzung nach Owen.

1830 Juli: Beendigung des *Maler Nolten*.

1831 September: Mörikes Bruder Karl wird wegen revolutionärer Umtriebe zu einem Jahr Festungshaft auf dem Hohenasperg verurteilt.

1832 21. Januar: Übernahme der Vikariatsstelle in Ochsenwang. August: Veröffentlichung des *Maler Nolten.*

1833 Herbst: Lösung der Verlobung mit Luise Rau.

1834 Mai: Ernennung zum Pfarrer in Cleversulzbach, wohin seine Mutter und die Schwester Klara ihm folgen.

1836 Veröffentlichung der Novelle *Der Schatz.*

1837 Freundschaft mit Hermann Kurz.
August–September: Kuraufenthalt mit Klara in Bad Mergentheim. – In Justinus Kerners Weinsberger Haus Begegnung mit Ludwig Uhland und Karl Mayer.

1838 Erste Ausgabe der *Gedichte* bei Cotta.

1839 April: Veröffentlichung von *Iris. Eine Sammlung erzählender und dramatischer Dichtungen* (Inhalt: *Der Schatz, Die Regenbrüder, Der letzte König von Orplid, Lucie Gelmeroth, Der Bauer und sein Sohn*).
22. April: Aufführung der *Regenbrüder* mit der Musik von Ignaz Lachner.

1840 September: Reise mit dem Bruder Louis an den Bodensee. Dezember: Veröffentlichung der *Classischen Blumenlese.*

1841 26. April: Tod der Mutter.

1843 September: Pensionierung auf eigenen Wunsch.
19. September: Mörike und Klara ziehen für ein halbes Jahr zu Hartlaubs nach Wermutshausen.

1844 18. April: Umzug mit Klara nach Schwäbisch Hall.
1. November: Umzug nach Bad Mergentheim.

1845 April: Unterkunft im Hause des Oberstleutnants von Speeth. Begegnung mit dessen Tochter Margarethe.

1846 Oktober: Veröffentlichung der *Idylle vom Bodensee.*

1848 August: Kur in Bad Teinach. – Zerwürfnis mit Hermann Kurz.

1851 Frühjahr: Reise mit Klara an den Bodensee; Plan, in Konstanz ein Mädchenpensionat zu gründen.
25. November: Mörike heiratet die Katholikin Margarethe Speeth. Übersiedlung nach Stuttgart. Literarischer Unterricht am Katharinenstift.

1852 5. August: Ernennung zum Dr. phil. h. c. der Universität Tübingen.

1853 Mai: Veröffentlichung des *Stuttgarter Hutzelmännleins.*

1855 26. April: Geburt der Tochter Fanny.
15./16. August: Besuch Theodor Storms bei Mörike.
Herbst: Veröffentlichung von *Mozart auf der Reise nach Prag.*
Dezember: Veröffentlichung von *Theokritos, Bion und Moschos* (zusammen mit Friedrich Notter).

1856 Dritte, vermehrte Auflage der *Gedichte.* – *Vier Erzählungen (Der Schatz, Lucie Gelmeroth, Der Bauer und sein Sohn, Die Hand der Jezerte).*

1857 28. Januar: Geburt der Tochter Marie.
Juli: Dritte und letzte Reise an den Bodensee.

1859 Frühjahr: Beginn der Arbeit an der zweiten Fassung von *Maler Nolten.*

1862 28. November: Berufung durch den König von Bayern in das Kollegium des Maximiliansordens für Kunst und Wissenschaft.

1863 Herbst: Aufenthalt mit Klara und Marie in Bebenhausen.

1864 Juli: Veröffentlichung von *Anakreon und die sogenannten Anakreontischen Lieder.* – Freundschaft mit Moritz von Schwind.

1865 31. Januar: Besuch Ivan S. Turgenjevs bei Mörike.

1866 20. November: Beendigung der Lehrtätigkeit am Katharinenstift.

1867 Juni: Umzug mit Ehefrau Margarethe nach Lorch.

1869 November: Rückkehr von Lorch nach Stuttgart.

1870 Februar: Umzug nach Nürtingen.

1871 Wiederaufnahme der Beziehungen zu Hermann Kurz.
August: Umzug nach Stuttgart. Krisenhafte Entwicklung der Beziehung zu Margarethe.

1872 Fünfte Auflage der Gedichte bei Göschen (vordatiert auf 1873). – Prachtausgabe der *Historie von der schönen Lau* mit Schwinds Zeichnungen (vordatiert auf 1873).

1873 Trennung von Margarethe.
12. September: Mörike zieht mit Klara und Marie nach Fellbach bei Waiblingen.
November: Rückkehr nach Stuttgart.

1874 Juni–Juli: Aufenthalt in Bebenhausen bei Familie Walther.
Herbst: Letzter Besuch bei Hartlaubs in Stöckenburg.

1875 Frühjahr: Beginn der Todeskrankheit.
Ende Mai: Versöhnung mit Margarethe.
4. Juni: Mörike stirbt.
6. Juni: Bestattung auf dem Stuttgarter Pragfriedhof. Grabrede von Friedrich Theodor Vischer.

Deutsche Literatur

Clemens Brentano. Gockel Hinkel Gackeleia
Märchen. Mit Initialen und Lithographien von Caspar Braun nach Entwürfen von Clemens Brentano. Mit einem Nachwort von Franz Deibel. it 47

Georg Büchner/Ludwig Weidig. Der Hessische Landbote
Texte, Briefe, Prozeßakten. Kommentiert von Hans Magnus Enzensberger. it 51

Adelbert von Chamisso. Peter Schlemihls wundersame Geschichte
Nachwort von Thomas Mann. Illustriert von Emil Preetorius. it 27

Matthias Claudius. Der Wandsbecker Bote
Mit einem Vorwort von Peter Suhrkamp und einem Nachwort von Hermann Hesse. Mit den Abbildungen der Erstausgabe. it 130

Joseph Freiherr von Eichendorff. Aus dem Leben eines Taugenichts
Mit Illustrationen von Adolf Schrödter und einem Nachwort von Ansgar Hillach. it 202

Joseph Freiherr von Eichendorff. Gedichte
Mit Illustrationen von Otto Ubbelohde. it 255

Theodor Fontane. Effi Briest
Mit Lithographien von Max Liebermann. it 138

Theodor Fontane. Der Stechlin
Mit einem Nachwort von Walter Müller-Seidel. it 152

Theodor Fontane. Unwiederbringlich. it 286

Johann Wolfgang Goethe. Dichtung und Wahrheit
Mit zeitgenössischen Illustrationen, ausgewählt von Jörn Göres. Drei Bände in Kassette. it 149/150/151

Johann Wolfgang Goethe. Faust
Erster Teil. Mit Illustrationen von Eugène Delacroix und einem Nachwort von Jörn Göres. it 50

Deutsche Literatur

Johann Wolfgang Goethe. Faust
Zweiter Teil. Mit Federzeichnungen von Max Beckmann. Mit einem Nachwort zum Text von Jörn Göres und zu den Zeichnungen von Friedhelm Fischer. it 100

Johann Wolfgang Goethe. Hermann und Dorothea
Mit Aufsätzen von August Wilhelm Schlegel, Wilhelm von Humboldt, Georg Wilhelm Friedrich Hegel und Hermann Hettner. Illustrationen von Chodowiecki u. a. it 225

Johann Wolfgang Goethe. Italienische Reise
Mit vierzig Zeichnungen des Autors. Herausgegeben und mit einem Nachwort von Christoph Michel. Zwei Bände. it 175

Johann Wolfgang Goethe. Tagebuch der Italienischen Reise 1786
Notizen und Briefe aus Italien. Mit Skizzen und Zeichnungen des Autors. Herausgegeben und erläutert von Christoph Michel. it 176

Johann Wolfgang Goethe. Die Leiden des jungen Werther
Mit einem Essay von Georg Lukács »Die Leiden des jungen Werther«. Nachwort von Jörn Göres »Zweihundert Jahre Werther«. Mit zeitgenössischen Illustrationen von David Chodowiecki und anderen. it 25

Johann Wolfgang Goethe. Liebesgedichte
Ausgewählt und herausgegeben von Hans Gerhard Gräf. Mit einem Nachwort von Emil Staiger. it 275

Johann Wolfgang Goethe. Maximen und Reflexionen
Text der Ausgabe von 1907 mit den Erläuterungen und der Einleitung Max Heckers. Nachwort von Isabella Kuhn. it 200

Johann Wolfgang Goethe. Reineke Fuchs
Mit Stahlstichen von Wilhelm von Kaulbach. it 125

Johann Wolfgang Goethe. Über die Deutschen
Herausgegeben von Hans-J. Weitz. it 325

Deutsche Literatur

Johann Wolfgang Goethe. Die Wahlverwandtschaften
Mit einem Essay von Walter Benjamin. it 1

Johann Wolfgang Goethe. West-östlicher Divan.
Herausgegeben und erläutert von Hans-J. Weitz. Mit Essays zum »Divan« von Hugo von Hofmannsthal, Oskar Loerke und Karl Krolow. Mit Abbildungen. it 75

Grimmelshausen. Courasche
Trutz-Simplex oder Ausführliche und wunderseltzame Lebensbeschreibung der Erzbetrügerin und Landstörtzerin Courasche. Mit einem Nachwort von Wolfgang Koeppen. Mit Illustrationen. it 211

Johann Peter Hebel. Die drei Diebe
Eine Geschichte vom Zundelfrieder. Als Bildgeschichte gezeichnet von Wilhelm Hämmerle. it 271

Johann Peter Hebel. Kalendergeschichten
Ausgewählt und mit einem Nachwort von Ernst Bloch. Mit neunzehn Holzschnitten von Ludwig Richter. it 17

Heinrich Heine. Aus den Memoiren des Herren von Schnabelewopski
Mit Illustrationen von Julius Pascin. it 189

Heinrich Heine. Buch der Lieder
Mit zeitgenössischen Illustrationen. Mit einem Nachwort von Eberhard Galley. it 33

E. T. A. Hoffmann. Die Elixiere des Teufels
Mit Illustrationen von Hugo Steiner-Prag. it 304

E. T. A. Hoffmann. Lebensansichten des Katers Murr
nebst fragmentarischer Biographie des Kapellmeisters Johannes Kreisler in zufälligen Makulaturblättern. Mit Illustrationen von Maximilian Liebenwein. it 168

E. T. A. Hoffmann. Der Unheimliche Gast
und andere phantastische Erzählungen. Herausgegeben von Ralph-Rainer Wuthenow. Mit zeitgenössischen Illustrationen. it 245

Deutsche Literatur

Ricarda Huch. Der Dreißigjährige Krieg
Mit Illustrationen von Jacques Callot. it 22/23

Jean Paul. Der ewige Frühling
Ausgewählt von Carl Seelig. Illustriert von Karl Walser und mit einem Vorwort versehen von Hermann Hesse. it 262

Jean Paul. Des Luftschiffers Giannozzo Seebuch
und Über die natürliche Magie der Einbildungskraft. Mit Illustrationen von Emil Preetorius und Aufsätzen zu Jean Pauls Werk von Ralph-Rainer Wuthenow. it 144

Kant-Brevier
Ein philosophisches Lesebuch für freie Minuten. Herausgegeben von Wilhelm Weischedel. it 61

Marie Luise Kaschnitz. Eisbären
Erzählungen. it 4

Marie Luise Kaschnitz. Die Wahrheit, nicht der Traum
Das Leben des Malers Courbet. it 327

Gottfried Keller. Züricher Novellen
Mit einem Nachwort von Werner Weber. it 201

Heinrich von Kleist. Die Erzählungen
Herausgegeben von Rolf Tiedemann. it 247

Heinrich von Kleist. Geschichte meiner Seele
Das Lebenszeugnis der Briefe. Herausgegeben von Helmut Sembdner. it 281

Heinrich von Kleist. Der zerbrochene Krug
Ein Lustspiel. Mit Radierungen von Adolph Menzel. Mit einem Nachwort von Hans Joachim Piechotta. it 171

Heinrich von Kleist. Die Marquise von O
Mit Materialien und Bildern aus dem Film von Eric Rohmer. it 299

August Klingemann. Nachtwachen von Bonaventura
Mit Illustrationen von Lovis Corinth. Herausgegeben und mit einem Nachwort versehen von Jost Schillemeit. it 89

Deutsche Literatur

Lichtenberg. Aphorismen
Herausgegeben mit einem Nachwort von Kurt Batt. it 165

Wilhelm Meinhold. Maria Schweidler. Die Bernsteinhexe
Der interessanteste aller bisher bekannten Hexenprozesse, nach einer defecten Handschrift ihres Vaters, des Pfarrers Abraham Schweidler in Coserow auf Usedom. Herausgegeben von E. Kidelen. Mit Illustrationen. it 329

Das Meisterbuch.
Herausgegeben von Hermann Hesse. it 310

Eduard Mörike. Alte unnennbare Tage
Herausgegeben und mit einem Vorwort versehen von Hermann Hesse. Mit einem Essay von Wolf von Niebelschütz. it 246

Eduard Mörike. Die Historie von der schönen Lau
Mit Illustrationen von Moritz von Schwind und einem Nachwort von Traude Dienel. it 72

Friedrich de La Motte Fouqué. Undine, Das Galgenmännlein und Rose
Herausgegeben von Ralf-Rainer Wuthenow. Mit der Rezension von Edgar A. Poe und zeitgenössischen Illustrationen. it 311

Johann Karl August Musäus. Rübezahl
Für die Jugend von Christian Morgenstern. Mit Illustrationen von Max Slevogt. it 73

Nietzsche. Also sprach Zarathustra
Ein Buch für Alle und Keinen. Mit einem Essay von Thomas Mann. it 145

Nietzsche. Ecce Homo
Wie man wird, was man ist. Mit einem Nachwort von R.-R. Wuthenow. it 290

Karl Friedrich von Rumohr. Geist der Kochkunst
Mit einem Vorwort von Wolfgang Koeppen. it 326

Deutsche Literatur

Schiller. Der Geisterseher
und andere Erzählungen. Mit einer Einleitung von Emil Staiger und Erläuterungen von Manfred Hoppe. it 212

Schiller – Goethe. Briefwechsel
Herausgegeben und mit einer Einleitung versehen von Emil Staiger. Mit Illustrationen. 2 Bände. it 250

Arthur Schopenhauer. Aphorismen zur Lebensweisheit
Vollständige Ausgabe mit Erläuterungen und Übersetzungen der fremdsprachigen Zitate. Mit einem Nachwort von Hermann von Braunbehrens. Mit 16 Daguerreotypien und Fotos und Bilderläuterungen von Arthur Hübscher. it 223

Hans Schumacher. Ein Gang durch den Grünen Heinrich
Mit zeitgenössischen Illustrationen. it 184

Theodor Storm. Am Kamin
und andere unheimliche Geschichten. Mit Illustrationen von Roswitha Quadflieg. Ausgewählt und mit einem Nachwort von Gottfried Honnefelder. it 143

Theodor Storm. Der Schimmelreiter, Carsten Curator, Hans und Heinz Kirch.
Mit Illustrationen von Max Schwimmer. Herausgegeben von Gottfried Honnefelder. it 305

Wem ich zu gefallen suche. Fabeln und Lieder der Aufklärung
Von Gotthold Ephraim Lessing, Friedrich von Hagedorn, Christian Fürchtegott Gellert, Magnus Gottfried Lichtwer, Johann Wilhelm Ludwig Gleim, Gottlieb Konrad Pfeffel. Mit Stichen von Daniel Chodowiecki. it 208

Literatur aus Frankreich, England, Amerika u.a.

Honoré de Balzac. Das Mädchen mit den Goldaugen
Aus dem Französischen von Ernst Hardt. Vorwort Hugo von Hofmannsthal. Illustrationen Marcus Behmer. it 60

Charles Baudelaire. Die Blumen des Bösen
Übertragen von Carlo Schmid. it 120

Beaumarchais. Die Figaro-Trilogie
Deutsch von Gerda Scheffel. Nachwort von Norbert Miller. Mit zeitgenössischen Illustrationen. it 228

William Blake. Lieder der Unschuld und Erfahrung
Nach einem handkolorierten Exemplar des British Museum. Herausgegeben und mit einem Nachwort versehen von W. Hofmann. Deutsch von W. Wilhelm. it 116

Emily Brontë. Die Sturmhöhe
Aus dem Englischen von Grete Rambach. it 141

Chateaubriand. Das Leben des Abbé de Rancé
Herausgegeben und aus dem Französischen übersetzt von Emil Lerch. Mit einem Vorwort von Roland Barthes und zeitgenössischen Bildern. it 240

James Fenimore Cooper. Lederstrumpf
Bearbeitung der Übersetzung von E. Kolb durch Rudolf Drescher. Mit Illustrationen von D. E. Darley. it 179/180/181/182/183

Honoré Daumier. Robert-Macaire – Der unsterbliche Betrüger
Drei Physiologien. Aus dem Französischen von Mario Spiro. Herausgegeben und mit einem Nachwort versehen von Karl Riha. Illustrationen von Daumier. it 249

Daniel Defoe. Robinson Crusoe
Mit Illustrationen von Ludwig Richter. it 41

Charles Dickens. Oliver Twist
Aus dem Englischen von Reinhard Kilbel. Mit einem Nachwort von Rudolf Marx und 24 Illustrationen von George Cruikshank. Vollständige Ausgabe. it 242

Literatur aus Frankreich, England, Amerika u.a.

Denis Diderot. Die Nonne
Mit einem Nachwort von Robert Mauzi. Der Text dieser Ausgabe beruht auf der ersten deutschen Übersetzung von 1797. it 31

Alexandre Dumas. Geschichte eines Nußknackers
Mit Illustrationen von Bertall. Herausgegeben und bearbeitet von Josef Heinzelmann. it 291

Alexandre Dumas. Der Graf von Monte Christo
Mit Illustrationen von Pavel Brom und Dagmar Bromova. Zwei Bände. it 266

Jean-Henri Fabre. Das offenbare Geheimnis
Aus dem Französischen von Kurt Guggenheim. Mit einem Kommentar von Adolf Portmann. Mit Illustrationen. it 269

Gustave Flaubert. Ein schlichtes Herz
Drei Novellen. Umschlagmotiv und Initialen von Heinrich Vogeler. it 110

Gustave Flaubert. Lehrjahre des Gefühls
Mit einem Essay und einer Bibliographie von Erich Köhler. it 276

Gustave Flaubert. Madame Bovary
Revidierte Übersetzung aus dem Französischen von Arthur Schurig. it 167

Gogol. Der Mantel und andere Erzählungen
Aus dem Russischen von Ruth Fritze-Hanschmann. Mit einem Nachwort von Eugen und Frank Häusler, Illustrationen von András Karakas. it 241

Victor Hugo. Notre-Dame von Paris
Aus dem Französischen übertragen von Else von Schorn. Mit einem Nachwort von Herbert Kühn. Mit Illustrationen. it 298

Villiers de L'Isle-Adam. Grausame Geschichten
Mit zeitgenössischen Illustrationen. Aus dem Französischen übertragen von Helene und Herbert Kühn. Mit einem Nachwort von Herbert Kühn. it 303

Literatur aus Frankreich, England, Amerika u.a.

Jens Peter Jacobsen. Niels Lyhne
Mit Illustrationen von Heinrich Vogeler. Nachwort von Fritz Paul. Aus dem Dänischen von Anke Mann. it 44

Jens Peter Jacobsen. Die Pest in Bergamo
und andere Novellen. Aus dem Dänischen von Mathilde Mann, Anka Matthiesen, Erich von Mendelssohn und Raphael Meyer. Mit Illustrationen von H. Vogeler. it 265

Choderlos de Laclos. Schlimme Liebschaften
Ein Briefroman mit 14 zeitgenössischen Illustrationen. Übertragen und eingeleitet von Heinrich Mann. it 12

Charles und Mary Lamb. Shakespeare Novellen
Mit 21 Stichen einer Ausgabe von 1837. Auf Grund einer älteren Übersetzung bearbeitet von E. Schücking. it 268

Sir Thomas Malory. Die Geschichte von König Artus und den Rittern seiner Tafelrunde
Übertragen von Helmut Findeisen auf der Grundlage der Lachmannschen Übersetzung. Mit einem Nachwort von Walter Martin und Illustrationen von Aubrey Beardsley. Drei Bände in Kassette. it 239.

Guy de Maupassant. Bel-Ami
Aus dem Französischen von Josef Halperin. Mit zeitgenössischen Illustrationen. it 280.

Guy de Maupassant. Das Haus Tellier
und andere Erzählungen. Aus dem Französischen von Karl Friese und Helmut Bartuschek. Ausgewählt von W. Berthel. Mit zeitgenössischen Illustrationen. it 248

Guy de Maupassant. Pariser Abenteuer
und andere Erzählungen. Ausgewählt von Werner Berthel. Mit zeitgenössischen Illustrationen. Aus dem Französischen von H. Bartuschek und K. Friese it 106

Herman Melville. Moby Dick oder der Wal
Aus dem Amerikanischen von Hans und Alice Seiffert. Nachwort von Rudolf Sühnel. Zwei Bände. it 233

Literatur aus Frankreich, England, Amerika u.a.

Mirabeau. Der gelüftete Vorhang oder Lauras Erziehung
Aus dem Französischen von Eva Moldenhauer. Nachbemerkung von Norbert Miller. it 32

Michel de Montaigne. Essais
Herausgegeben und mit einem Nachwort versehen von Ralph-Rainer Wuthenow. Revidierte Fassung der Übertragung von Johann Joachim Bode. it 220

Jan Potocki. Die Handschrift von Saragossa
Herausgegeben von Roger Caillois. Aus dem Französischen von Louise Eisler-Fischer. Aus dem Polnischen von Maryla Reifenberg. Mit Bildern von Goya. Zwei Bände. it 139

Thomas de Quincey. Mord als eine schöne Kunst betrachtet
Herausgegeben und eingeleitet von Norbert Kohl. Mit zeitgenössischen Illustrationen. it 258

François Rabelais. Gargantua und Pantagruel
Herausgegeben von Horst und Edith Heintze. Erläutert von Horst Heintze und Rolf Müller. Mit Illustrationen von Gustave Doré. Zwei Bände. it 77

Walter Scott. Im Auftrag des Königs
Die gefährlichen Abenteuer des Quentin Durward. Mit einem Nachwort von Traude Dienel. Mit Illustrationen aus dem 19. Jahrhundert. it 188

William Shakespeare. Einundzwanzig Sonette
Deutsch von Paul Celan. Nachwort H. Viebrock. it 132

Stendhal. Die Kartause von Parma
Aus dem Französischen von Walter Widmer. Mit einem Nachwort von Uwe Japp. it 307

Stendhal. Rot und Schwarz
Vollständige Ausgabe. Übersetzt von Walter Widmer. Mit einem Nachwort von Uwe Japp. it 213

Stendhal. Über die Liebe
Vollständige Ausgabe. Aus dem Französischen und mit einer Einführung von Walter Hoyer. it 124

Literatur aus Frankreich, England, Amerika u.a.

Laurence Sterne. Yoricks Reise des Herzens durch Frankreich und Italien. Mit zwölf Holzschnitten nach Tony Johanot. Mit einem Nachwort von Helmut Findeisen. it 277

Robert Louis Stevenson. Kidnapped
Herausgegeben von E. Y. Meyer. Die Erinnerungen David Balfours an seine Abenteuer im Jahre 1751. Roman. it 321

Robert Louis Stevenson. Die Schatzinsel
Mit Illustrationen von Georges Roux. it 65

Jonathan Swift. Gullivers Reisen
Mit Illustrationen von Grandville und einem Vorwort von Hermann Hesse. Aus dem Englischen übersetzt von Franz Kottenkamp. it 58

Jonathan Swift. Ein bescheidener Vorschlag, wie man verhindern kann, daß die Kinder der Armen ihren Eltern oder dem Lande zur Last fallen
und andere Satiren. Mit einem Essay von Martin Walser: Die notwendigen Schritte. it 131

Claude Tillier. Mein Onkel Benjamin
Deutsch von Rudolf G. Binding. Mit Schattenrissen, gezeichnet von Emil Preetorius. it 219

Leo N. Tolstoj. Anna Karenina
Aus dem Russischen übersetzt und herausgegeben von Gisela Drohla. Mit Illustrationen von Theodor Eberle. 2 Bände. it 308

Leo N. Tolstoj. Die großen Erzählungen
Mit einem Nachwort von Thomas Mann. Aus dem Russischen von Rudolf Kassner und Arthur Luther. it 18

Leo N. Tolstoj. Kindheit, Knabenalter, Jünglingsjahre
Aus dem Russischen von Hermann Röhl. Revidiert und herausgegeben von Gisela Drohla. it 203

Leo N. Tolstoj. Krieg und Frieden
Mit einem Nachwort von Thomas Mann. 4 Bände. it 320

insel taschenbücher
Alphabetisches Verzeichnis

Die Abenteuer Onkel Lubins it 254
Aladin und die Wunderlampe it 199
Ali Baba und die vierzig Räuber it 163
Allerleirauh it 115
Alte und neue Lieder it 59
Andersen: Märchen (3 Bände in Kassette) it 133
Lou Andreas-Salomé: Lebensrückblick it 54
Apulejus: Der goldene Esel it 146
Arnim/Brentano: Des Knaben Wunderhorn it 85
Arnold: Das Steuermännlein it 105
Aus der Traumküche des Windsor McCay it 193
Balzac: Das Mädchen mit den Goldaugen it 60
Baudelaire: Blumen des Bösen it 120
Beaumarchais: Figaros Hochzeit it 228
Beecher-Stowe: Onkel Toms Hütte it 272
Beisner: Adreßbuch it 294
Benjamin: Aussichten it 256
Berg: Leben und Werk im Bild it 194
Bertuch: Bilder aus fremden Ländern it 244
Bierbaum: Zäpfelkerns Abenteuer it 243
Bierce: Mein Lieblingsmord it 39
Blake: Lieder der Unschuld it 116
Die Blümchen des heiligen Franziskus it 48
Boccaccio: Das Dekameron (2 Bände) it 7/it 8
Böcklin: Leben und Werk it 284
Brandys: Walewska, Napoleons große Liebe it 24
Brentano: Gockel Hinkel Gackeleia it 47
Brontë: Die Sturmhöhe it 141
Das Buch der Liebe it 82
Büchner: Der Hessische Landbote it 51
Bürger: Münchhausen it 207
Busch: Kritisch-Allzukritisches it 52
Campe: Bilder Abeze it 135
Carossa: Kindheit it 295
Carossa: Verwandlungen it 296
Carroll: Alice hinter den Spiegeln it 97
Carroll: Alice im Wunderland it 42
Carroll: Briefe an kleine Mädchen it 172
Cervantes: Don Quixote (3 Bände) it 109
Chamisso: Peter Schlemihl it 27
Chateaubriand: Das Leben des Abbé de Rancé it 240

Claudius: Wandsbecker Bote it 130
Cooper: Lederstrumpferzählungen (5 Bde.) it 179-183
Dante: Die Göttliche Komödie (2 Bände) it 94
Daudet: Tartarin von Tarascon it 84
Daumier: Macaire it 249
Defoe: Robinson Crusoe it 41
Denkspiele it 76
Dickens: Oliver Twist it 242
Die großen Detektive it 101
Diderot: Die Nonne it 31
Dumas: König Nußknacker it 291
Eichendorff: Aus dem Leben eines Taugenichts it 202
Eichendorff: Gedichte it 255
Eisherz und Edeljaspis it 123
Die Erzählungen aus den Tausendundein Nächten
(12 Bände in Kassette) it 224
Fabeln und Lieder der Aufklärung it 208
Der Familienschatz it 34
Ein Fisch mit Namen Fasch it 222
Fabre: Das offenbare Geheimnis it 269
Flaubert: Ein schlichtes Herz it 110
Flaubert: Lehrjahre des Gefühls it 276
Flaubert: Madame Bovary it 167
Fontane: Der Stechlin it 152
Fontane: Effi Briest it 138
Fontane: Unwiederbringlich it 286
le Fort. Leben und Werk im Bild it 195
Caspar David Friedrich: Auge und Landschaft it 62
Manuel Gassers Köchel-Verzeichnis it 96
Gasser: Tante Melanie it 192
Gebete der Menschheit it 238
Das Geburtstagsbuch it 155
Geschichten der Liebe aus 1001 Nächten it 38
Goethe: Dichtung und Wahrheit (3 Bde.) it 149-151
Goethe: Die Leiden des jungen Werther it 25
Goethe: Die Wahlverwandtschaften it 1
Goethe: Faust (1. Teil) it 50
Goethe: Faust (2. Teil) it 100
Goethe: Hermann und Dorothea it 225
Goethe: Italienische Reise it 175
Goethe: Liebesgedichte it 275
Goethe: Maximen und Reflexionen it 200
Goethe: Reineke Fuchs it 125
Goethe – Schiller: Briefwechsel (2 Bände) it 250

Goethe: Tagebuch der italienischen Reise it 176
Goethe: West-östlicher Divan it 75
Gogh: Briefe it 177
Gogol: Der Mantel it 241
Grandville: Staats- und Familienleben der Tiere (2 Bde.) it 214
Grimmelshausen: Courasche it 211
Gundert: Marie Hesse it 261
Hauff-Märchen (2 Bände in Kassette) it 216/it 217
Hebel: Bildergeschichte vom Zundelfrieder it 271
Hebel: Kalendergeschichten it 17
Heine: Memoiren des Herren von Schnabelewopski it 189
Heine: Buch der Lieder it 33
Heras: Am Anfang war das Huhn it 185
Hesse: Dank an Goethe it 129
Hesse: Geschichten aus dem Mittelalter it 161
Hesse: Hermann Lauscher it 206
Hesse: Kindheit des Zauberers it 67
Hesse: Leben und Werk im Bild it 36
Hesse: Piktors Verwandlungen it 122
Hesse/Schmögner: Die Stadt it 236
Hesse/Weiss: Der verbannte Ehemann it 260
Hillmann: ABC-Geschichten it 99
E. T. A. Hoffmann: Der unheimliche Gast it 245
E. T. A. Hoffmann: Kater Murr it 168
Hölderlin-Chronik it 83
Hölderlin: Dokumente seines Lebens it 221
Homer: Ilias it 153
Horváth: Leben und Werk it 237
Ricarda Huch: Der Dreißigjährige Krieg (2 Bde.) it 22/23
Hugo: Notre-Dame von Paris it 298
Jacobsen: Die Pest in Bergamo it 265
Jacobsen: Niels Lyhne it 44
Kant-Brevier 61
Kaschnitz: Eisbären it 4
Kästner: Die Lerchenschule it 57
Kästner: Die Stundentrommel vom heiligen Berg Athos it 56
Kästner: Griechische Inseln it 118
Kästner: Kreta it 117
Kästner: Ölberge, Weinberge it 55
Keller: Züricher Novellen it 201

Kinderheimat it 111
Kinder- und Hausmärchen gesammelt durch die Brüder Grimm (3 Bde.) it 112-114
Kin Ping Meh it 253
Kleist: Erzählungen it 247
Kleist: Geschichte meiner Seele it 281
Kleist: Der zerbrochene Krug it 171
Klingemann: Nachtwachen von Bonaventura it 89
Klinger: Leben und Werk in Daten und Bildern it 204
Knigge: Über den Umgang mit Menschen it 273
Konfuzius: Materialien it 87
Konfuzius und der Räuber Zhi it 278
Laclos: Schlimme Liebschaften it 12
Lamb: Shakespeare Novellen it 268
Das große Lalula it 91
Lévi-Strauss: Der Weg der Masken it 288
Liebe Mutter it 230 (in Kassette)
Lieber Vater it 231 (in Kassette)
Lichtenberg: Aphorismen it 165
Linné: Lappländische Reise it 102
Lobel: König Hahn it 279
Longus: Daphnis und Chloë it 136
Lorca: Die dramatischen Dichtungen it 3
Der Löwe und die Maus it 187
Majakowski: Werke I it 16 Werke II it 53 Werke III it 79
Malory: König Artus (3 Bände) it 239
Marc Aurel: Wege zu sich selbst it 190
Märchen der Romantik (2 Bände) it 265
Märchen deutscher Dichter it 13
Maupassant: Bel-Ami it 280
Maupassant: Das Haus Tellier it 248
Maupassant: Pariser Abenteuer it 106
Mäusegeschichten it 173
Melville: Moby Dick it 233
Michelangelo: Zeichnungen und Dichtungen it 147
Michelangelo. Leben und Werk it 148
Minnesinger it 88
Mirabeau: Der gelüftete Vorhang it 32
Montaigne: Essays it 220
Mordillo: Das Giraffenbuch it 37
Mordillo: Das Giraffenbuch 2 it 71
Mordillo: Träumereien it 108
Morgenstern: Alle Galgenlieder it 6
Mörike: Die Historie von der schönen Lau it 72

Mozart: Briefe it 128
Musäus: Rübezahl it 73
Mutter Gans it 28
Nestroy: Stich- und Schlagworte it 270
Die Nibelungen it 14
Nietzsche: Also sprach Zarathustra it 145
Nietzsche: Ecce Homo it 290
Novalis. Dokumente seines Lebens it 178
Orbeliani: Die Weisheit der Lüge it 81
Orbis Pictus it 9
Oskis Erfindungen it 227
Ovid: Ars Amatoria it 164
Paul: Der ewige Frühling it 262
Paul: Des Luftschiffers Gianozzo Seebuch it 144
Petzet: Das Bildnis des Dichters it 198
Phaïcon 1 it 69
Phaïcon 2 it 154
Pocci: Kindereien it 215
Polaris 1 it 30
Polaris 3 it 134
Pöppig: In der Nähe des ewigen Schnees it 166
Potocki: Die Handschrift von Saragossa (2 Bde.) it 139
Quincey: Der Mord
als eine schöne Kunst betrachtet it 258
Rabelais: Gargantua und Pantagruel (2 Bände) it 77
Die Räuber vom Liang Schan Moor (2 Bände) it 191
Reden und Gleichnisse des Tschuang Tse it 205
Rilke: Ausgesetzt auf den Bergen des Herzens it 98
Rilke: Das Buch der Bilder it 26
Rilke: Duineser Elegien / Sonette an Orpheus it 80
Rilke: Geschichten vom lieben Gott it 43
Rilke: Neue Gedichte it 49
Rilke: Das Stunden-Buch it 2
Rilke: Wladimir, der Wolkenmaler it 68
Rilke: Leben und Werk im Bild it 35
Rilke: Zwei Prager Geschichten it 235
Robinson: Onkel Lubin it 254
Runge: Leben und Werk im Bild it 316
Der Sachsenspiegel it 218
Schadewaldt: Sternsagen it 234
Scheerbart: Rakkóx der Billionär it 196
Schiller: Der Geisterseher it 212
Schiller – Goethe: Briefwechsel (2 Bände) it 250
Schiller: Leben und Werk it 226

Schlote: Geschichte vom offenen Fenster it 287
Schlote: Das Elefantenbuch it 78
Schlote: Fenstergeschichten it 103
Schmögner: Das Drachenbuch it 10
Schmögner: Ein Gruß an Dich it 232
Schmögner: Das unendliche Buch it 40
Schneider: Leben und Werk im Bild it 318
Schopenhauer: Aphorismen zur Lebensweisheit it 223
Schumacher: Ein Gang durch den Grünen Heinrich it 184
Schwab: Sagen des klassischen Altertums (3 Bde.) it 127
Scott: Im Auftrag des Königs it 188
Shakespeare: Sonette it 132
Shaw-Brevier it 159
Sindbad der Seefahrer it 90
Sonne, Mond und Sterne it 170
Sophokles: Antigone it 70
Sophokles: König Ödipus it 15
Stendhal: Rot und Schwarz it 213
Stendhal: Über die Liebe it 124
Sternberger: Über Jugendstil it 274
Sterne: Yoricks Reise des Herzens it 277
Stevenson: Die Schatzinsel it 65
Storm: Am Kamin it 143
Swift: Ein bescheidener Vorschlag ... it 131
Swift: Gullivers Reisen it 58
Tillier: Mein Onkel Benjamin it 219
Toepffer: Komische Bilderromane (2 Bde.) it 137
Tolstoj: Die großen Erzählungen it 18
Tolstoj: Kindheit, Knabenalter, Jünglingsjahre it 203
Traum der roten Kammer it 292
Tschechow: Die Dame mit dem Hündchen it 174
Turgenjew: Erste Liebe it 257
Turgenjew: Väter und Söhne it 64
Der Turm der fegenden Wolken it 162
Twain: Huckleberry Finns Abenteuer it 126
Twain: Leben auf dem Mississippi it 252
Twain: Tom Sawyers Abenteuer it 93
Voltaire: Candide it 11
Voltaire: Sämtliche Romane und Erzählungen (2 Bände) it 209/it 210
Voltaire: Zadig it 121
Vom Essen und Trinken it 293